AF250813

M. THIERS RÈGNE

ET

L'ASSEMBLÉE NE GOUVERNE PAS.

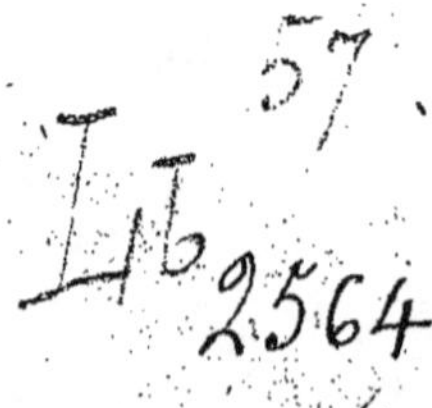

NIORT, IMPRIMERIE DESPREZ.

M. THIERS

RÈGNE

ET L'ASSEMBLÉE

NE GOUVERNE PAS.

Par HENRI LAFOSSE.

<table>
<tr><td align="center">NIORT
L. CLOUZOT, LIBRAIRE,
22, rue des Halles.</td><td align="center">PARIS
PALMÉ, LIBRAIRE,
25, rue de Grenelle-St-Germain.</td></tr>
</table>

Août 1871.

Reproduction d'une série d'articles insérés, en Juin 1871, dans l'*Aquitaine,* journal publié à Poitiers.

CHAPITRE Ier.

AUX HONNÊTES GENS.

C'est une bien grave et bien triste situation politique, celle où les passions plus sourdes des meilleurs font au règne du bien au moins autant obstacle que celles plus étourdissantes des méchants. C'est là l'un des caractères affligeants de cette époque de notre histoire, et l'un des plus désolants, parce qu'il fait à beaucoup désespérer de la patrie, par les dispositions réluctantes et personnelles d'un grand nombre de ses défenseurs naturels, par la négligence et même par l'oubli volontaire de tout ce qui pourrait la sauver.

Sous l'empire de cette pensée, je me suis bien des fois adressé aux honnêtes gens dans le but de les réveiller, en leur signalant le danger. Je veux leur rappeler encore qu'en eux seuls, plus que jamais pourtant, réside l'espoir de la patrie, en détresse depuis bien plus longtemps que ne semblent se l'imaginer la plupart d'entre eux. Je voudrais leur apprendre combien il faudrait peu de temps à l'énergie de leur immense majorité pour écraser l'infime minorité des méchants, dont leur inertie, au contraire, assure seule trop souvent le triomphe.

Ce n'est pas pour leur reprocher l'oubli de leur devoir que je viens leur parler aujourd'hui de nouveau : il faut être pour cela plus sûr d'avoir toujours fait le sien que je ne le suis moi-même ; mais pour leur dire qu'ils tardent bien à l'accomplir, surtout ceux qui se sont volontairement soumis à l'autorité d'un mandat imposé aussi impérieusement par un vote catégorique que par les conjonctures douloureuses qui pèsent de toutes parts sur le pays.

Que l'Assemblée le sache donc : après tant de campagnes contre les coquins, en voici une nouvelle entreprise aujourd'hui dans la France entière contre les honnêtes gens qui la composent et qui semblent trop disposés à s'endormir de nouveau sous le mancenillier délétère planté depuis 1830 et si mortellement cultivé par l'empire. L'impatience du malaise et de la crainte évoque toute l'histoire du passé, et nous nous souvenons encore avec effroi que c'est la faiblesse de tous leurs prédécesseurs qui, dans tous les temps, nous a perdus, bien plus encore que la ruse et la violence de nos ennemis. C'est que leurs semblables ne manquent jamais de formes complaisantes pour masquer la mollesse de leur conduite ; et ce qu'ils invoquent à leur tour aujourd'hui, c'est la temporisation, dans je ne sais quel but, dont ils ne se rendent sans doute pas bien compte eux-mêmes.

Peut-être me fera-t-on le reproche de blesser gratuitement cette Assemblée honnête composée en grande partie de mes amis politiques et de beaucoup d'autres hommes estimés qui, je l'espère, ne tarderont pas à voir que nous ne sommes pas aussi séparés qu'ils l'ont pensé longtemps, et qui seront, au contraire, tout surpris de voir, quand ils se réveilleront enfin de leur sommeil parlementaire, qu'ils sont près de nous, couchés dans le même lit, celui de la monarchie traditionnelle, c'est-à-dire de la paix, de la prospérité, de la stabilité, de la grandeur et, aujourd'hui surtout, du salut de la patrie.

Non, il est bien loin de ma pensée de vouloir déconsidérer une Assemblée qui est notre espoir, dit-on partout, dans la crise politique et sociale qui nous menace d'un cataclysme final. Mais elle ne peut mériter le nom de sauveur qu'à la condition de nous sauver, qu'à la condition, au moins, de faire quelque chose pour justifier notre espoir, et si elle ne le fait pas, c'est alors par elle-même qu'elle se déconsidère. Mais nous souffrons!... nous sommes fatigués de souffrir!... Est-il possible de concevoir un mal dont on ne veuille pas se délivrer, dont on ne doive pas demander le remède? En serions-nous donc arrivés à n'être plus qu'une nation de derviches tourneurs imbéciles, dont le métier est la souffrance et l'habitude abrutissante des mêmes évolutions et des mêmes révolutions?

La France souffre... Elle veut savoir où nous aboutissons et si c'est à la délivrance ou bien à la ruine définitive. Elle agonise!... Elle veut la fin de ses maux!... Elle est en chapelle, et M. Thiers l'y maintient : elle veut en sortir.

Elle ne comprend pas la temporisation de la guérison devant l'imminence de la mort. Elle dit d'un ton impératif à l'Assemblée qu'elle a déléguée : ce n'est pas par oubli que je ne t'ai pas faite habile et grande, je sais trop que c'est l'habileté qui m'a perdue!... Mais je t'ai faite honnête; ce n'est pas pour pactiser avec les méchants : je t'ai faite monarchique, ce n'est pas pour fonder la République comme ton exécutif le répète sans cesse, ce n'était pas surtout pour me livrer encore, au prix de ton propre repos, à M. Thiers, c'est-à-dire à la révolution.

Non, je ne veux pas déconsidérer l'Assemblée, à Dieu ne plaise!... J'aimerais mieux la réhabiliter dans l'espoir de la France qui s'éteint de plus en plus dans le mécompte. Je voudrais seulement la galvaniser, et de la même commotion, foudroyer ce gouvernement trompeur qui, loin de le fermer, creuse encore l'abîme que nous trouvions déjà trop profond.

CHAPITRE II.

LE SUFFRAGE UNIVERSEL.

Nous le répétons, nous sommes loin d'admettre le suffrage constituant, qui n'est pas autre chose que la souveraineté du peuple, de la force et du nombre ignorant, égaré, sur la minorité capable qui voit, qui pense et qui raisonne, et je me trouve ainsi d'accord même avec M. Ledru-Rollin, dans les paroles suivantes qu'il prononçait à l'Assemblée du 12 juin 1849 : « Je crois donc au suffrage universel : c'est là ma foi ; « mais je crois aussi qu'il y a quelque chose au-dessus du « suffrage universel, qui lui est supérieur, c'est le droit éter- « nel de la justice, c'est ce je ne sais quoi qui est la conscience « humaine et qui prévaut toujours au-dessus des majorités. »

C'était aussi l'opinion de Proudhon, le plus fort des théoriciens de la République nouvelle, lorsqu'il disait, le 23 septembre 1850, dans le *Peuple,* son journal : « C'est qu'en notre âme « et conscience, les projets et les plans qu'on prête au Prési- « dent seraient un attentat à la Constitution, comme les « prétextes de salut public que l'on invoque sont une ironie « et un mensonge, comme sont damnables et réprouvés les « sophismes qui érigeraient une prétendue souveraineté du « peuple au-dessus du juste et du droit. »

Et c'est au moment où on le repousse encore des points les plus opposés, que nous accepterions le suffrage constituant ? C'est quand ceux qui veulent nous asservir à leur prétendue raison semblent ne pas se douter que c'est à leurs passions qu'ils obéissent eux-mêmes ? C'est lorsque cette raison humaine, dont ils étaient si fiers et qu'ils égalent à celle de Dieu, quand ils ne le nient pas, est saisie de trouble et de confusion, frappée de vertige et d'aveuglement ?

Dépouiller le suffrage universel du caractère constituant, dont veut le revêtir une certaine école, ce n'est pas, à coup sûr, le supprimer lui-même comme indicateur des désirs raisonnables et des besoins réels, matériels et moraux de la nation, comme libre et confiant conseiller du pouvoir, comme instrument fécond de gouvernement et d'administration.

Refuser un droit n'est pas les refuser tous. Nier au père le droit romain de mettre son fils à mort, ce n'est pas vouloir le soustraire à son autorité légitime et réglée.

Livrez au suffrage les intérêts, les besoins et même les applications morales des lois naturelles de la société ; demandez-lui son expérience et ses conseils ; interrogez-le sur ce qui le touche de près, sur ce qu'il voit près de lui, et vous verrez qu'il ne se trompera pas : mais si vous soumettez à son insuffisante compétence les questions théoriques de gouvernement, vous savez, trop à vos dépens pour qu'il soit besoin de vous le dire, ce que son ignorance ou sa déraison peuvent enfanter de révolutions et de bouleversements.

Sans vouloir suspendre à vos yeux deux cadres bien distincts, établir deux catégories bien tranchées, qui par là-même deviendraient ennemies dans un moment où nous avons tant besoin de cohésion et d'union, je dirai que les villes sont pleines de passions, et les campagnes de modération et de bons sens. C'est le bon sens qui manque depuis 40 années à tous, gouvernants et gouvernés. C'est surtout dans les campagnes qu'il faut l'aller chercher.

Pour rien au monde, je n'aurais voté ni fait voter pour ce plébiscite que l'un des souteneurs de l'empire, M. le marquis de Grammont qualifiait de « principe par excellence de la « dictature révolutionnaire et socialiste, » pour cette outre d'Eole, pleine de tempêtes, dont la rupture vient d'être l'occasion, plutôt que la cause première de tous nos désastres. Eh bien ! je me sentis aussitôt consolé de le voir ainsi voté pour les campagnes, parce que ce n'était pas à coup sûr, pour moi, de leur part, précisément la confirmation de cet empire de bambocheurs qui n'avait rien à faire avec les principes, les intérêts et les mœurs, mais bien certainement la manifestation du bon sens, de la subordination, de l'esprit conservateur un instant dévoyé, et surtout d'une volonté monarchique qui vient de se révéler plus clairement, qui tend à se rectifier et doit finalement nous sauver.

Quand vous reprochez au paysan des campagnes certains défauts qui vous choquent, c'est tout simplement le blâmer de n'être pas parfait. Avez-vous, depuis quatre-vingts ans, trouvé vous-mêmes, la perfection des hommes et du gouvernement que vous cherchez ? Est-ce sa faute à lui, pauvre être toujours mineur, si, dans une circonstance aussi critique, il fut si mal conseillé, si mal dirigé et même trop trompé, par ses tuteurs naturels, par les hommes en qui reposait sa confiance, et dont beaucoup la méritaient par leur honnêteté plus que par leur intelligence politique, leur consistance et leur courage ? Innocemment soumis à l'autorité du maire, à l'influence du juge de paix, du conseiller général, qui le plus souvent étaient dignes de son estime domestique, est-ce sa faute à lui si, dans leurs conseils politiques, ils se sont trompés eux-mêmes ou l'ont tout simplement trompé ?

Il a suivi la direction de ses supérieurs, parce qu'il a le sentiment de la hiérarchie et le respect de l'autorité ; il a voté conformément à leurs conseils, parce qu'il a l'instinct de l'ordre et de la conservation ; il a voté sur la foi de ses conseillers, dont beaucoup ont abusé de sa confiance dans un but personnel, parce qu'il sait qu'avec un bail de trois ans il peut être ruiné, qu'avec un bail de quinze ans il fait assez bien ses affaires, et qu'avec un bail perpétuel il aurait une richesse analogue à celle du propriétaire.

Incapable de toute appréciation théorique, comme du reste, la plupart de ceux qui se croient beaucoup plus fins que lui, il a donc accepté la conservation, la confirmation de l'empire, parce qu'il est monarchique avant tout et qu'on lui disait catégoriquement que *voter contre Napoléon, c'était voter la République*.

Il a voté pour l'empire, disent encore beaucoup comme un reproche, parce qu'il vendait bien ses bœufs, ses chevaux, ses mules, son blé, toutes ses denrées.

Mais n'est-ce pas là la raison et le bon sens? Guidé, d'un côté, par son intérêt légitime et respectable, mais abusé, de l'autre, sur le moyen, il a cru voter pour la paix et pour la prospérité publique. Vaudrait-il mieux qu'il se laissât guider par des idées théoriques et pratiques de bouleversement? Vous accommoderiez-vous bien d'un gouvernement qui tiendrait à vil prix, à vous propriétaires, vos vins, vos blés, vos bois et vos fermes, à vous ouvriers et commerçants vos étoffes, vos fers, vos bottes et vos bijoux? et si le soin de la vie morale doit, à coup sûr, dominer le gouvernement des nations, qui pourrait dire que la sauvegarde des intérêts matériels ne doit tenir aucune place dans sa préoccupation et dans son action?

A chacun son œuvre. Sans vouloir matérialiser le marchand dans le calcul de son gain, et l'ouvrier dans son œuvre manuelle; sans prétendre abaisser le cultivateur au niveau de la terre qu'il déchire et fertilise et des bestiaux qui l'enrichissent, je leur dirai, au point de vue politique : C'est à vous de prendre soin surtout de vos intérêts matériels, et par là de tout ce qui peut nous aider nous-mêmes matériellement à vivre; c'est à nous, hommes de loisir par la fortune, et de jugement raisonné par l'instruction et la position sociale, c'est à nous de sonder les profondeurs théoriques de la pensée pour mettre en pratique, avec votre concours, les principes éternels et les moyens d'application qu'elle a bien voulu nous livrer; c'est à nous de diriger la conduite de la société et de veiller plus spécialement à ses intérêts intellectuels et moraux.

Notre mission politique est de veiller à la nourriture de vos cœurs et de vos âmes, comme vous avez vous-mêmes la fonction de produire tout ce qui doit servir à la vie matérielle de nos corps à tous.

Ces deux fonctions sont, d'ailleurs, trop foncièrement dépendantes l'une de l'autre pour que je prétende établir entre elles une démarcation rigoureuse qui vaporiserait évidemment trop les uns en matérialisant tout à fait les autres.

J'ai voulu seulement déterminer le caractère prédominant de la mission de chacun, et fixer ainsi, telle que je la comprends, la compétence du suffrage universel, en la réduisant, d'un côté, principalement au soin des intérêts matériels pour la grande masse, dont les intérêts moraux se trouvent, de l'autre, confiés à une minorité légère par le nombre, il est vrai, mais d'un poids immense concluant par la pensée et par tout ce qui peut élargir son champ et régler son action.

Ainsi compris, le suffrage universel ne serait plus l'oppression des individus et des minorités par les masses, mais le gouvernement de tous et de chacun dans la sphère de son action ; il serait la monarchie désormais assurée, affermie, constituée, et non la République plus ou moins ruineuse et désordonnée, éternellement menaçante.

CHAPITRE III.

L'ASSEMBLÉE EST MONARCHIQUE.

Il semblerait, si l'on doit se fier à ses paroles, qu'il entre dans les plans de M. Thiers, plutôt que de l'Assemblée qui ne dit rien et qui n'en agit pas davantage, de confier plus tard au suffrage le soin et la responsabilité de constituer un gouvernement. Mais le suffrage aléatoire n'a rien à voir dans la constitution déjà séculairement fixée de notre état politique, pas plus que dans la constitution de la société, qui ne peut changer ni même se modifier en un clin d'œil.

La pensée de M. Thiers paraîtrait, aux plus indulgents pour lui, être de faire, par le suffrage, décider la question entre la République et la Monarchie. C'est contre cette pensée que je proteste spécialement ici, dût-elle même amener la réalisation de mes vœux les plus ardents. Nous ne pouvons accepter ce vote d'option, qui, pouvant sans cesse se renouveler au gré des caprices de la révolution, serait essentiellement constitutif, au contraire de celui qui a fait monarchique l'Assemblée présente, mais qui n'est qu'un vote affirmatif et la confirmation d'un fait existant en France depuis quatorze siècles et passé incontestablement dans sa nature, à savoir : le caractère monarchique de toute la nation française.

Oui, le suffrage déjà consulté a donné à ses délégués un mandat monarchique ; personne ne songe à le contester. Il ne vous dit pas de créer la Monarchie, ce que vous n'avez, ni lui ni vous, ni le droit ni le pouvoir de faire, pas plus qu'il ne peut vous appartenir de recréer, de reconstituer l'être de ces électeurs qui vous demande d'organiser un milieu civil et politique qui leur permette de rester sûrement dans les conditions de leur nature et de leur liberté. Il ne vous impose que l'obligation de rendre à la nation la Monarchie, qui était immémorialement, dans la réalité, et sa vie et sa forme, et qui l'est encore dans sa pensée conservatrice et sage. Il vous ordonne seulement de lui restituer cette condition vitale de son existence politique, de renouer le fil violemment brisé de ses traditions séculaires, de lui laisser enfin continuer la Monarchie de la paix et de la grandeur.

La question n'est pas de savoir si l'Assemblée n'a reçu que le mandat spécial de traiter de la paix : il s'agit de savoir si c'est le hasard ou bien une intention profonde et bien déterminée qui l'ont faite monarchique. Eh bien ! je dis, quelque impropre, quelque illégitime pour moi que soit ce terme, Constituante ou non, avec ou sans mandat défini, son devoir est de proclamer la Monarchie, comme étant l'idée, le désir clairement accusé de la presque unanimité qui l'a nommée, et qui voit dans ce gouvernement le seul remède souverain à tous nos maux et le salut de la France.

La nation est saisie de l'effroi de la République qui, trois fois dans l'espace de quatre-vingts années, l'a conduite aux abîmes. Cette fois-ci, laissée à ses libres instincts, au milieu de ses conseillers ordinaires, inspirés eux-mêmes, par une clairvoyance plus sûre de la vérité, des dispositions du pays et de leurs propres intérêts ; cette fois, dis-je, elle a nommé l'Assemblée la plus honnête et la plus foncièrement monarchique ; et c'est surtout aux habitants des campagnes qu'est dû ce résultat, car s'ils sont incapables de comprendre les théories compliquées qu'on voudrait leur soumettre, ils ont, à coup sûr, tout ce qu'il faut pour juger des idées simples et surtout des organisations dont ils ont le type si près d'eux dans la famille et dans leur exploitation agricole.

Alors, pourquoi de la part de l'Assemblée, ces flatteries, ces protestations envers la République ?... Si c'est pour triompher plus sûrement des mauvais républicains qui viennent d'ensanglanter déjà leurs vaines et funestes théories, de déshonorer la République, c'est tromper aussi les bons, qui méritent nos égards et qu'on ne ralliera pas à la Monarchie par le mensonge. Si c'est réellement pour fonder la République, comme vous le laissez, sans protestation, sans cesse répéter à M. Thiers, et comme je ne puis le croire de votre honnêteté, ce sont les royalistes qui sont trompés.

Voyez dans quelle impasse est entré votre mandat monarchique en instituant un chef du gouvernement de la République, puisque vous ne pouvez en sortir déjà qu'en y laissant quelque chose de vous. Le suffrage avait nommé une Assemblée honnête, pour qu'elle fût digne de proclamer la Monarchie. Est-elle bien aussi pleinement désormais dans les conditions de remplir dignement son mandat? car M. Thiers, qui le comprend bien, a beau dire, protester et jurer, dans toutes ses parleries, qu'il ne trompera personne et qu'il ne trahira pas : votre imprévoyante proclamation de la République fait qu'il y a déjà quelqu'un de trompé, soit que vous la mainteniez, soit que vous rétablissiez la Monarchie.

Il nous faut un chef ! vous criait et vous crie la majorité du pays..... Il nous faut une République ! vous crie la minorité, et, saisis de je ne sais quel vertige, ou plutôt enlacés dans les filets de l'intrigue et du sophisme, vous avez répondu: République ! vous êtes entrés dans le faux, et tous les mouvements que vous faites pour en sortir vous y engagent de plus en plus, n'y aurait-il pour le prouver que le discours de M. Thiers sur l'abrogation de l'exil, nous menaçant d'un provisoire indéfini ou d'un définitif dont nous ne voulons pas. Vous subissez les conséquences d'une première faute qui ne vous laisse que l'issue d'une brusque rupture entre M. Thiers et sa République, et d'un coup d'éclat monarchique.

Pourquoi cette Assemblée s'obstine-t-elle donc, à ne pas répondre à sa propre honnêteté dont elle est sûre, et qui est sauve encore, et à son mandat monarchique qui n'est douteux pour personne ?

CHAPITRE IV.

RAISON DE L'INEXÉCUTION DE SON MANDAT PAR L'ASSEMBLÉE.

Ce n'est pas seulement la passion de l'égalité qui a fait descendre le niveau de la France, perpétuellement en baisse depuis 1789. Non, ce n'est pas la seule cause de notre décadence : avec le respect et la foi, la France a perdu la raison de sa grandeur, et le plus grand service qui peut lui être rendu le sera par celui qui lui apportera avec un *credo* religieux, un *credo* politique ; mais tout le monde rirait bien, à coup sûr, de ceux qui viendraient nous dire que c'est la mission de M. Thiers.

Le doute est partout : le doute religieux, le doute de soi, le doute domestique, le doute politique, le doute diplomatique, le doute scientifique, le doute artistique, le doute industriel et commercial, le doute est en tout et partout, le doute est universel. Comment voulez-vous qu'il y ait en rien la confiance de la marche ? comment voulez-vous qu'il y ait le respect de rien ? Et faut-il s'étonner que le mot de trahison, l'un des plus désolants de nos récents désastres, retentisse encore à nos oreilles à propos des protestations réitérées de M. Thiers, criant d'une manière vraiment effrayante : Je ne vous trahirai pas !... M. Thiers a-t-il donc ses raisons pour corroborer ainsi un mot qui est déjà trop dans tous les esprits, et raviver encore ainsi la peur qui fut le seul appui, pendant 20 ans d'un Pilate qui n'est plus qu'un Judas ?

Le sens moral et le bon sens font défaut partout. Les notions du bien et du mal sont perdues, pour la plupart, hélas !... La démoralisation est tout ce que n'a pas trahi l'homme qui faisait du Grand-Orient l'un des grands dignitaires de sa cour de césar ; le premier socialiste, le premier carbonaro de l'Europe a bien fait son office et trop bien parachevé l'œuvre commencée, trop bien accompli son serment infernal en démoralisant jusqu'à la démoralisation elle-même.

Le sol de la France ainsi miné par toutes les sociétés secrètes, qui pourrait s'étonner qu'il se soit si rapidement effondré, qu'il ait voulu s'abaisser jusqu'au niveau de notre décadence? Ainsi décadence en tout : pas un opéra, pas un monument, pas une statue, pas un tableau, pas même un roman !... Je promène mes regards attristés dans ce cercle décomposé qui s'appelle encore la France : je ne vois rien, pas un caractère, pas un général, pas un politique, pas un diplomate, pas un homme d'État, pas un orateur !... J'écoute, j'entends des discours retentissants ; j'écoute des pensées, je ne saisis que des paroles, je ne perçois que le vide ; j'attends la conclusion : elle ne vient jamais. Comme tout, l'éloquence a baissé, même chez ceux qui en sont depuis quarante ans les maîtres. On dirait qu'elle seule était digne de servir de linceul à notre grand Berryer, l'honnête homme du sublime bon sens, et qu'elle dort avec lui dans son sépulcre.

Quelles magnifiques Assemblées que celles de la Révolution de 1789 !... Depuis lors, comme pour la conscription militaire, combien s'est progressivement abaissé le niveau de la taille du service oratoire ? Mirabeau, Danton, Robespierre, Mounier, Maury, Vergniaud, Malouet, Cazalès, Lally Tollendal, du haut de votre éloquence, voyez-vous bien nos parleurs d'aujourd'hui ?... C'est que vous n'aviez pas été, comme eux, serinés par les mercenaires du doute et de l'incrédulité ; c'est que vous aviez été élevés..., c'est le véritable mot, par le dévoûment désintéressé de congrégations religieuses qui savent mettre dans les esprits, dans les cœurs, dans les âmes un critérium de jugement, une grandeur qui n'y meurt jamais tout à fait, quels que soient les écarts auxquels ils peuvent s'abandonner plus tard.

On dirait, à m'entendre, que je fais à notre assemblée présente le reproche de n'être pas un cénacle d'hommes de génie. Dieu m'en garde ! car alors nous serions bien sûrement perdus. Non, à coup sûr : car, avec quelques hommes suffisants pour la conduire, elle a tout ce qu'il faut pour marcher honnêtement et droit. Ce ne sont pas les soldats qui manquent à cette armée rassemblée pour sauver la France : c'est un chef, c'est un état-major qu'on y cherche en vain. Non : le reproche que je lui fais, c'est d'être au-dessous de zéro pour la chaleur et l'énergie ; car depuis qu'elle chauffe dans le haut fourneau politique, qui naguère encore était une fournaise, nous n'avons pas vu s'échapper la moindre flamme, la moindre lueur, la plus crépusculaire aurore. Ce n'est pas au génie que la France demande de la sauver ; c'est le bon sens, l'honnêteté qu'elle implore. Vous êtes une assemblée honnête, c'est ce qui nous avait tout d'abord tant réjouis, et assez intelligente pour connaître et faire votre devoir…. Pourquoi ne le faites-vous pas ?

Nous sommes donc perdus !…. Ceux qui croyaient, depuis six mois, qu'une Assemblée alors nommée, réunie, nous aurait délivrés dans la guerre, peuvent voir maintenant, par celle d'aujourd'hui, tout ce qu'il y avait de chimérique dans leur espoir, puisqu'elle ne sait pas même nous sauver dans la paix. Elle est honnête et monarchique pourtant !…. Nous sommes donc perdus puisque nous ne pouvons être sauvés par une Assemblée d'un tel caractère et représentant d'ailleurs si bien l'opinion générale de la France… Ah ! c'est hélas ! qu'elle est trop l'image de notre malheureuse patrie et qu'elle représente aussi, avec ses grandes qualités, tout ce qui ne devrait pas l'être, mais devrait être, au contraire, amendé, corrigé, détruit : la jalousie des rangs, l'envie à tous les degrés, l'impatience de la supériorité, la sénilité de la civilisation, la bureaucratie absorbante, la peur, la mollesse des caractères, la division des partis, le tout naturellement, logiquement résumé par le manque de responsabilité qui nous perd depuis si longtemps.

Tout le monde s'y redoute réciproquement encore ; tout le monde y veut attendre, temporiser ; tout le monde craint d'y prononcer le nom du roi, comme tout le monde, partout, craint toujours de parler du Saint-Père, qui est la pierre angulaire de l'ordre social et politique, de peur de choquer Lemoussu, Magu et Mottu. De peur de compromettre sa cause, on étouffe le nom d'Henri V, comme l'Europe entière, matérialisée, se donne à elle-même ce grand scandale qu'il n'ait pas été dit de ce Pape sublime un seul mot et qu'il n'en soit plus question.

Est-ce aussi de peur de compromettre l'avenir de Dieu que, pendant trois longs mois, avant la proposition, heureusement votée, d'un noble blessé de nos armées, l'Assemblée n'avait pas, une seule fois même, prononcé son nom, qu'invoquent pourtant tous les autres peuples dans leurs perplexités ? ou bien serait-ce plutôt pour le punir de continuer à nous châtier si cruellement ?

Temporiser, c'est le grand mot de cette Assemblée de Fabius, qui ne sont pourtant pas des Romains. Ils semblent trop heureux d'avoir trouvé, dans notre naufrage, cette planche de la République, soi-disant provisoire, qui peut les recevoir tous et les bercer plus ou moins doucement, mais qui ne peut porter la France, à laquelle il faut le grand vaisseau de la Monarchie pour dompter les flots révoltés des passions humaines et les forcer à nous rentrer au port.

C'est l'ajournement qui nous perd.

L'honnêteté aime le repos, et la France également, mais après le salut, après la victoire ; aussi l'honnête Assemblée s'empresse-t-elle d'accepter tout ce qui en est un prétexte, et pratique-t-elle en grand l'imitation qui est un repos et ne demande pas grands frais d'imagination.

Pendant six mois, sous le prétexte commode et mortel *qu'il ne fallait pas compromettre l'union* de la défense, on se perdait avec le mot d'ajournement, et on laissait la Prusse achever notre désastre pour ne pas prendre le parti, pourtant décisif, de proclamer la Monarchie, qui nous aurait sauvés, qui n'aurait pas manqué d'amortir, au moins, le coup fatal.

Eh bien! au lieu de proclamer, dès le moment de sa réunion, Henri V, qui aurait, sans aucun doute, comme la Restauration en 1814, tempéré notre honte, réduit notre rançon de territoire et d'argent ; qui n'aurait pas, au moins, laissé, comme on vient de le faire, aggraver, dans le traité définitif, les préliminaires de paix ; qui, probablement enfin, nous aurait sauvés des discordes civiles alors à leur début, que fait notre assemblée ? elle temporise encore , elle ajourne comme le règne de Gambetta, comme ses devanciers de 1849. On trouve une république toute faite, mal faite ; on la prend avec cet éternel refrain bien usé du mauvais chanteur : *Il faut faire l'épreuve de la République.* Il me semble pourtant que c'est déjà bien assez d'épreuves de toutes sortes comme cela depuis quatre-vingts ans : épreuve de la République des noyades et de la guillotine ; épreuve de la République consulaire ; épreuve de la meilleure des Républiques, épreuve de la République honnête. Voici que nous en sommes à la République de la défaite et du honteux traité, menacés déjà de la République communiste. L'épreuve sera-t-elle enfin parfaite quand nous aurons eu celle de la République du pétrole, du pillage et du massacre dont Paris a été bien près naguère de gratifier les ruraux ?

On se dit, on répète partout, que le mal est trop grand, qu'il exige un grand remède, une répression violente, et qu'il n'y a que les gouvernements anonymes, comme la République, qui puissent agir en dehors des lois ordinaires, parce qu'ils n'ont pas l'embarras de la responsabilité ; et chacun des partis monarchiques, assis béatement dans le fauteuil de la mollesse et de la satisfaction, se frotte pacifiquement les mains en croyant avoir ainsi joué un bon tour à la République, sans penser à ceux bien plus terribles qu'elle nous ménage dans un avenir prochain.

Mais prenez garde ! à ce compte, votre opiniâtre ajournement est bien près de la doctrine du fait accompli et de son acceptation. En retardant ainsi l'avènement de vos prétendants jusqu'à celui de la pacification définitive, vous courez le risque de faire dire par bien des gens, qui ne feraient pas alors un si faux raisonnement, que c'est la République qui nous a sauvés ; qu'elle pourra bien, à plus forte raison, nous conduire, et qu'ils l'acceptent enfin puisqu'ils ne demandaient pas autre chose à un gouvernement.

C'est la République à laquelle M. Thiers vous prépare effrontément, et qu'il est près de vous présenter sous le nom de meilleure des monarchies. Encore abusés par ce plagiat renversé d'un surnom ridicule, croirez-vous, en la prenant, avoir rempli votre mandat? croirez-vous ne pas ajouter à la culpabilité de son acceptation la responsabilité des révolutions terribles qu'elle ne tardera pas à nous apporter encore ?

Si l'honnêteté est trop portée à tout accepter sous prétexte de repos, la France, elle, trouve que c'est assez comme cela de complaisances et d'ajournements. Avec ce mot fatal : *Il ne faut pas compromettre l'union de la défense*, on s'est perdu pendant six mois, et l'on se perd encore par cet autre mot, non moins plein de désastres, qu'il faut laisser mûrir la Monarchie. Vous acceptez la République, qui est née pourrie, et vous ne voyez pas la maturité de la Monarchie sur l'espalier du suffrage, qui, avec elle, vous a portés vous-mêmes.

Il y a bien des pensées fausses qui n'empêchent pas ceux qui en sont coutumiers d'être des gens fort intelligents aux yeux du monde ; il y a bien des choses qu'on ne devrait ni faire ni penser, et qui n'empêchent pas d'être honnête et raisonnable dans le train-train de la vie. C'est là le caractère de ce qui se pensait, se disait, se faisait récemment sous l'empire par la plupart des hommes qui composent aujourd'hui l'Assemblée, et qui, loin de ployer sous le fait d'une responsabilité si lourde, paraissent trop disposés à nous rendre, à recommencer, sous une autre enseigne, le commerce qui nous a perdus.

Une légende arabe, qui ne manque pas d'une certaine grâce, prétend qu'après avoir commis sa faute, Adam courut cacher sa faute sous les massifs du Paradis, mais que les arbres d'or et d'argent lui refusant un abri, il fut obligé de se réfugier sous les arbres d'airain. Hélas ! il s'en faut bien qu'ils soient pareillement inhospitaliers les massifs d'or du paradis parlementaire !... Plus heureux qu'Adam, sans être les premiers hommes du monde, combien ils ont, au contraire, à se louer de leur abri, tous ces conseillers généraux et plébiscitaires, tous ces maires politiques de la candidature officielle, si intelligemment nommés par des électeurs qu'un grand nombre d'entre eux avaient trop lomgtemps trompés ! Pour la plupart, il est vrai, ils n'ont fait que se tromper eux-mêmes, je le sais et je dis sincèrement, malgré l'amertume qu'ont laissée dans mon âme les conséquences trop accomplies de l'erreur inconsciencieusement semée par eux dans des esprits simples et confiants. Mais y a-t-il quelque chose de bien rassurant pour la France dans le bon sens de ceux qui se sont encore chargés de ses affaires, après s'être si longtemps et si monstrueusement trompés sur leur conduite ? Les mauvais conseils qu'ils donnaient naguère sont-ils une bien logique garantie de ceux qu'ils ont à donner encore, et des graves déterminations qu'ils ont à prendre maintenant ?

La plus grande difficulté du monde psychologique n'est pas de faire entrer une idée dans une tête, c'est de l'en faire sortir. Imbus des errements et des pratiques de l'Empire, tous ces mandataires, pénitents et régénérés à la surface par un baptême électoral complaisant, semblent-ils vouloir, au fond, et bien sérieusement, s'en affranchir ?... Hélas !... non.

Je le répète, afin qu'il n'y ait aucune méprise sur mes dispositions personnelles pour chacun : ce que je dis, je ne l'adresse qu'à l'ensemble, malgré tout, domestiquement honnête ; je le dis parce que je le considère comme un devoir de conscience, et sans m'inquiéter de savoir si mes paroles iront ou non heurter toutes ces fidélités erratiques, transportées par les courants politiques dans les vallées les plus étrangères à leur nature, et qui, sous tous les régimes, ont placé leur intelligence, leurs vertus, leurs passions ou leurs vices à un taux si usuraire d'argent, d'honneurs et de vanités. Qui pourrait, en effet, s'intéresser à ces consciences de cire fondant rien qu'à l'approche du premier foyer politique venu, pour prendre, à l'instant, la forme de celui qui l'attise ?

Hélas ?... oui : ce sont les errements, les mêmes pratiques : rengorgement satisfait dans sa position et dans son importance régulièrement constatée, petit train-train des affaires, celles des électeurs surtout, visites bureaucratiques pour services et combinaisons, les bureaux, les commissions, les rapports, les canons, les nouvelles, leurs primeurs surtout, les observations, les discours, les interruptions, les *très-bien* intelligents, les *bravo* officiels et, dominant toute cette pauvreté, le laisser-faire le plus absolu à l'égard du gouvernement, quel qu'il soit, quand on n'en va pas jusqu'à la complicité de ses erreurs et même de ses mauvais desseins.

Tout cela fait un petit matelas tout imprégné de chloroforme politique où s'endorment les mêmes intentions, les mêmes procédés qui nous ont laissé conduire sur les bords de l'abîme par la révolution, qui, elle, ne dort jamais. Ce n'est pas pour dormir que vous êtes là ; et si vous vous êtes par mégarde endormis, aurez-vous, au moins, un bon rêve monarchique pour le proclamer en vous levant en sursaut, aux cris de notre légitime impatience ?

La France, en rejetant Napoléon, aurait-elle gardé dans ses poumons quelque chose de ses scrofules ?

Hélas! oui, beaucoup trop. Nous avons toujours ses agissements, et c'est, chose étrange ! l'Assemblée la plus honnête que la France ait nommée depuis longtemps qui les conserve encore. Le peuple est un terrible logicien : vous voyez quelles conséquences il a tirées des prémisses posées par la révolution, et qui survivent encore à notre ruine. Eh bien ! au lieu d'appliquer sans retard le remède héroïque d'un changement radical et subit de système, c'est le même qu'il faut encore et qu'on persiste à continuer, en dépit de l'épreuve fatale ! et l'Assemblée semble ne pas voir que nous périssons par lui, que nous allons mourir !... La mort même, ce grand flambeau de la vérité, n'a pas la puissance de l'éclairer.

Toujours les mêmes procédés, toujours la même ignorance de la nature et de la force des principes, toujours le même dédain pour leur insuffisance, qui n'est que dans les esprits aveuglés.

Vous ne croyez qu'à l'omnipotence de l'habileté, de l'organisme et de la force, et vous croyez vous sentir déchargés de votre mandat et soulagés en remettant à l'homme qui les représente uniquement et le mieux votre conduite et votre responsabilité.

On vous a nommés pour commander : n'êtes-vous donc faits que pour obéir ? Vous ne voulez pas proclamer la Monarchie qu'on vous demande, et vous introduisez un petit roi brouillon qui n'a jamais rien su faire, qui ne sait que détruire et qui est l'auteur acharné de toutes les révolutions de ces quarante années de décomposition, dont vous semblez protéger et continuer la marche, malgré votre mission de la guérir !

Il valait bien la peine de remplacer la dictature déclamatoire Gambetta par la dictature sophistique et militaire de M. Thiers, qui ne peut rien pour le salut de la patrie, qui peut et fait tout, au contraire pour achever sa décadence et sa mort !

Si vous me dites qu'il vous était implicitement imposé par le vote de vingt-cinq départements, moi, je vous demanderai pourquoi vous n'obéissez pas plutôt au vote monarchique catégorique de tous les départements qui vous a nommés et qui est bien autrement impérieux que celui qui vous trouve si soumis.

CHAPITRE V.

M. THIERS.

Ils ont dit : Il n'y a que M. Thiers qui puisse sauver la France. Croient-ils donc qu'on sauve une nation comme on sauve, tout simplement en le retirant de l'eau, un homme qui se noie ; et ne savent-ils pas qu'il faut pour cela lui restituer les conditions de la vie ? Ont-ils une opinion d'ensemble sur celles qui conviennent à notre France, une pensée collective à imposer à l'homme qu'ils ont à choisir et qui devrait la mettre en pratique ? et s'ils n'en ont pas, ce que je suis trop tenté de croire, d'après tout ce que je vois, ils vont donc accepter aveuglément, de M. Thiers, tout ce qu'il voudra nous faire et nous donner : gouvernement, constitution, organisation, administration, tout enfin, sans que nous sachions, eux comme nous, préalablement, à quoi nous en tenir !... C'est donc une dictature sans mandat ni programme, une sorte de Gambetta II qu'ils ont en lui nommé ?

Ils nous diront qu'il faut d'abord terrasser la révolution. Nos vingt dernières et sinistres années surtout ne leur ont donc pas appris ce qu'on gagne à remettre ce soin aux mains de ses complices. N'était-ce donc pas assez d'en avoir, en 1852, chargé l'homme qui avait, dans les souterrains carbonari, fait l'e serment infernal de la défendre et de la couronner? Faut-il encore aujourd'hui confier cette mission sacrée, si récemment profanée, au mauvais génie de la France, à l'auteur de toutes nos révolutions depuis quarante années, à l'agent le plus opiniâtre et le plus néfaste de toutes nos ruines et de tous nos désastres ?

C'est le démolisseur, en effet, qu'ils ont pris en lui, et non le réorganisateur, le fondateur qu'ils avaient à choisir, ou plutôt à rétablir.

M. Thiers croirait-il, par hasard, qu'il lui suffit, pour être absous par ceux qui le suivent depuis ses premiers pas, d'oser leur dire, à l'Assemblée du 28 mars dernier : « La situation « du pays est douloureuse, et s'il peut y avoir de la honte, « elle est pour ceux qui, à tous les degrés, à toutes les épo- « ques, ont contribué aux fautes qui ont fait le malheur du « pays : *Je déclare que j'y suis étranger.* »

Le plus simple exposé de la vie politique de M. Thiers va suffire pour faire juger ce qu'il y a de vérité dans cette audacieuse affirmation.

Après avoir inspiré le renversement de 1830 par une histoire en commandite, sous la raison commerciale *Adolphe Thiers et Félix Bodin*, histoire fantastique de la révolution, excusant toutes ses horreurs au nom de la fatalité, de la force et de la nécessité, c'est lui qui l'accomplissait et le consommait par sa publication, comme gérant du *National*, de la protestation de la *Presse*, à défaut du refus de l'impôt qu'il proposait en vain à ses complices.

C'est lui qui, pendant ces jours sinistres, est la mouche du coche orléaniste. On le voit, le 29 juillet, sur la place de la Bourse, distribuant à la foule, qui le siffle, la proclamation orléaniste par lui-même rédigée comme la protestation de la presse. On le voit, le 30, à Neuilly, proposant la couronne au duc d'Orléans et, le soir du même jour, au Palais-Royal, lui présentant, pour les capter, ses amis du *National*, Bastide, Guinard, Godefroy-Cavaignac et Clément Thomas, auquel

Louis-Philippe faisait l'agacerie de dire qu'il serait un beau colonel.

Bientôt, c'est encore lui, sous-secrétaire d'Etat des finances, qui assiste au sac toléré de l'archevêché, soufflant, par ordre, à la garde nationale la honte de l'inaction : c'est lui qui, en qualité de ministre, assiste aux horreurs de la rue Transnonain; c'est lui qui soutient et fait voter la créance au moins équivoque des vingt-cinq millions d'Amérique, les lois de septembre et les amendes de cinquante mille francs contre la presse et, enfin... enfin l'abolition impie de la fête expiatoire du 21 janvier !... Est-ce donc un législateur, celui qui ne veut ni expiation, ni sanction, ni logique, et qui ne reconnaît pas, dans les démolitions de Paris, les pioches et les hommes du sac encouragé de Saint-Germain-l'Auxerrois et de l'archevêché ?

Voici l'occupation de son génie : révolution à l'intérieur, abaissement à l'extérieur.

Il soumet l'armée française à l'humiliation de se faire l'exécuteur du traité des forteresses belges, d'où la signature de la France avait été par toutes les puissances injurieusement repoussée. Premier ministre, il subit l'affront de l'annexion de Cracovie, en violation d'une clause favorable à la France, des odieux traités de 1815.

O honte !... Premier ministre encore, il nous fait dévorer l'outrage du traité du 15 juillet 1840, par lequel la France est chassée du salon diplomatique de l'Europe, et c'est par ses ordres que notre flotte humiliée fuit les eaux de la Syrie devant celle de l'Angleterre, et que les vaisseaux de la France rapportent à Toulon dans leurs carènes attristées l'insultant écho, venu jusqu'à nous, du canon de Saint-Jean-d'Acre !

Il faut pour lui la révolution toujours et partout. Il l'attise et la protége en Belgique, en Espagne, en Italie, en Pologne, sur toute la surface de l'Europe.

En France, après celle de 1830, il fait encore la révolution de 1848, avec deux dépits rapprochés par l'ambition et ligués pour le désordre. La duchesse d'Orléans ne pouvait supporter d'être dépouillée d'une régence éventuelle que sa propagande rêvait exclusivement protestante. M. Thiers ne pouvait accepter sa mise au rebut par les sept années du ministère Guizot. Ils résolurent d'être, *per fas et ne fas*, actuellement régente et premier ministre. Ils complotent l'abdication de Louis-Philippe, organisent la campagne et soufflent l'agitation des banquets ; et la révolution de 1848, qu'ils ne peuvent retenir dans les limites par eux tracées d'abord, est bientôt la fille de leurs intrigues et de leurs machinations.

Pour lui, il se trouva qu'il avait, sans profit à son avoir, trahi, renversé Louis-Philippe son bienfaiteur, et sa dynastie son œuvre, comme il avait déjà, pour commencer à grandir, trahi ses amis Bastide, Guinard, et Godefroy-Cavaignac.

Il y avait, depuis cette époque, une solution dont le désir et la pensée s'étaient emparés du bon sens public : la fusion des deux branches de la maison de Bourbon scellée par l'avénement du comte de Chambord. Tous les amis de la famille d'Orléans, tous ses anciens ministres, étaient à la tête de cette raisonnable combinaison, secondée, du reste, par Louis-Philippe lui-même, la demandant à ses enfants comme une soumission réparatrice. Lui seul, M. Thiers, soufflait l'entêtement et la résistance à l'oreille trompée de la duchesse d'Orléans, sa complice déconcertée. La restauration était à notre porte : il n'avait qu'à congédier la duchesse, et l'arrivée de la légitimité venait nous apporter l'apaisement et la prospérité ; il n'avait qu'un mot à dire ; il ne voulut pas le prononcer. Il n'avait pas assez de révolutions, et bientôt il en avait fait virtuellement une troisième, celle du deux décembre, née de la division des partis monarchiques que seul il avait perpétuée. Et il a osé dire qu'il est étranger aux malheurs du pays, causés par ce honteux gouvernement dont il avait, par son obstination révolutionnaire, indirectement favorisé, facilité même l'avénement !

Tout cela, c'est de l'histoire qui se recommande aussi bien

au bon sens, à la conscience qu'à la mémoire de ceux qui viennent de le choisir comme un sauveur.

Mais, s'il a tout détruit, démoli dans le cours de sa carrière politique, qu'a-t-il fait d'autre part, qu'a-t-il fondé qui puisse au moins donner quelque confiance dans son habileté? A quelle fondation, à quelle organisation a-t-il attaché son nom?

Il a réussi à être, par deux fois, premier ministre, pendant quatre ou cinq mois, et pourquoi faire? rien..., absolument rien!... uniquement pour endosser les affronts de Cracovie et de Saint-Jean-d'Acre, et pour tomber, trompé par son propre souverain et par tous les gouvernements de l'Europe, qui, en dehors de son caquetage parlementaire, n'ont jamais fait grand cas ni des principes ni de la valeur solide de cet homme aujourd'hui évidemment surfait, non moins évidemment usé.

N'a-t-il pas été, du reste, assez bafoué dans son voyage ridicule du mois de septembre dernier, à travers l'Europe, entrepris en mendiant d'intervention à la porte de tous les souverains, depuis vingt ans trompés, provoqués, attaqués, battus, menacés par nous de conquêtes, de démembrement et de révolution. Leur silence de vengeance pendant la guerre, l'ont-ils ensuite, par un seul mot en notre faveur, rompu pendant les négociations de la paix? Ils savent trop ce qu'il y a de M. Thiers dans les révolutions et les désastres de la France, ce qu'il y a de la France révolutionnaire dans tous les bouleversements de l'Europe. Ce n'est pas lui qui pouvait effacer une seule ride de leurs fronts coléreusement froncés. Ce qu'il fallait à la France pour la réhabiliter dans leur esprit, c'était le négociateur de la franchise et de l'honnêteté politique, et ce n'était pas lui. Ils le connaissaient mieux que nous, et ils ont eu moins confiance en lui, et, malheureusement pour nous, ils ont eu trop raison.

Il s'agit de nous défendre contre la révolution. Comment cette tâche pourrait-elle être remplie par la main qui s'est trouvée dans toutes les révolutions de l'Europe depuis 1830

qui ne sait que détruire et qui n'a jamais pu rien fonder ? car
si vous le privez de sa dextérité de parole pleine d'illusion
pour tous, que reste-t-il de son génie, si ce n'est son mauvais
génie ?

Il s'agit de nous sauver de l'Europe entière. Celui qui peut
nous relever de notre abaissement, ce n'est pas l'un de ses
premiers auteurs, ce n'est pas l'homme dont l'apparition au
pouvoir n'est marquée que par de honteux traités : Cracovie...,
15 juillet 1840..., Francfort 1871 ; ce n'est pas l'homme qui
laissait dire, sans vengeance, à lord Palmerston, en plein
parlement, dans l'affaire des forteresses belges : « La négo-
« ciation n'aura lieu qu'entre les quatre puissances et la
« Belgique. *La France en est exclue.* »

Pauvre France fatiguée, ruinée par les amants de ton or et
de tes honneurs plutôt que de ta beauté ! pauvre France !...
ce n'était donc pas assez, dans ta soif affolée de salut et de
repos, de t'être une fois trompée, en acclamant, il y a vingt
ans, pour te guérir, le bravo qui devait au contraire t'égor-
ger !... Et voici qu'on vient de recommencer pour toi cette
œuvre désastreuse.

Oui, nommé par vingt-cinq départements à l'Assemblée
monarchique qui siége aujourd'hui, cette élection, à laquelle
il doit attacher quelque sens, imposait à M. Thiers, puisqu'il
est si parlementaire, un grand devoir, celui de proclamer
lui-même la monarchie, qui est dans tous les esprits et dans
toutes les aspirations. Que va-t-il faire après s'être fait décer-
ner la couronne dictatoriale ?

Il a dit qu'il ne trahirait personne, ni la monarchie ni la
République, qu'il a déjà trompées l'une et l'autre. Quelle
garantie pour les deux !... C'est un piége qu'il s'est tendu,
auquel il s'est déjà pris lui-même, et dont il lui sera bien
difficile de sortir si l'Assemblée ne vient pas à son secours
par la responsabilité d'une proclamation royale.

Mais c'est précisément ce que personne n'aura l'énergie de
prendre sur soi ; mais c'est justement par le manque de
responsabilité dans les hommes, saisis du doute universel et

du doute d'eux-mêmes, c'est justement par là que nous périssons.

Il est si commode, en effet, de se dégager d'une tâche difficile et dangereuse sur la première responsabilité intrigante et ambitieuse qui ne demande pas mieux que de s'en charger. Chacun dit : J'aime le repos, moi ! Je ne veux pas en prendre la responsabilité !... Mais n'est-ce pas une responsabilité que que vous acceptiez quand vous vous faisiez nommer ! Était-ce donc pour que vous la déléguiez avec cet entrain que tous on vous a pris sur parole !... A vous voir si aveuglément et d'une façon si muette et si dégagée vous abandonner à discrétion à cet homme, on dirait, en vérité, que c'est dans le repos du mandat accompli que vous vous endormez, et que c'est un roi que vous avez en lui nommé.

Je le croirais véritablement moi-même, s'il n'était pas déjà trop républicain, quand il lançait son axiome fameux : *Le roi règne et ne gouverne pas,* incitateur et père de toutes les tempêtes de ces quarante dernières années. C'est au roi déjà rêvé par lui qu'il s'adressait alors pour le flatter et devenir son ministre... Mais quelque chose qui règnerait ne serait-il pas inutile aujourd'hui, incommode pour cet homme, qui règne et gouverne déjà lui-même, sans conteste et sans respect pour ses propres axiomes trop menteurs ? Donc, pas de roi !... Et quand il aura ainsi gouverné pendant quelque temps, c'est alors qu'il viendra vous dire : Vous voyez bien qu'un roi est désormais au moins inutile et qu'il ne manquerait pas, au contraire, de nous diviser et de nous être fatal. Gardons donc, puisque nous avons tant besoin d'union, la *République, qui est le gouvernement qui nous divise le moins,* que nous l'avons déjà et que nous pouvons le garder sans secousse et sans bouleversement. Soyons donc sages..., et gardons-la, et *moi inspiré par vous, et vous avertis par moi,* nous gouvernerons tranquillement ensemble.

Et vous le croirez, parce que son habileté est de se faire toujours croire, et que la vérité, qui ne flatte pas nos penchants et nos passions, n'a pas, comme l'intrigue et le mensonge, ce qu'il faut pour s'imposer à notre imperfection.

Soyez-en sûrs, M. Thiers, qui vous a fait, par un sophisme, pourtant bien grossier, accepter déjà la République pour organiser et préparer la monarchie, va vous faire, sans que vous vous en doutiez peut-être, constituer cette République elle-même pour y rester. Vous verrez alors quelle union touchante vous offrira ce gouvernement qui divise le moins..., oui..., mais quand c'est contre lui-même et pour le renverser.

Je ne crains pas de mettre au défi qui que ce soit de m'apporter de cet homme un mot, un acte, un seul à l'appui de ce cri insensé, sans raison, mais presque universel comme le plébiscite de l'empire : « c'est lui seul qui peut nous sauver », auquel, à force de le répéter, on a si imprudemment prêté le cachet profané de la vérité, et qui perd la France en l'endormant dans un espoir trompeur. Je ne puis, pour mon compte, y voir autre chose qu'un nouvel appendice de la comédie humaine où nos mandataires veulent bien faire leur partie, en répétant, comme des choristes bien disciplinés, ce refrain dont il serait impossible de justifier l'incompréhensible irréflexion.

Non, ce n'est pas un défaut d'honnêteté qu'on reproche à l'Assemblée : c'est son insuffisance qui fait seule l'indispensabilité de M. Thiers ; c'est son abdication en faveur de la République définitive sous le voile du provisoire. Vous avez pris M. Thiers et vous lui avez livré le pouvoir, et le règne et le gouvernement, sans lui demander quelle était sa pensée, sans lui imposer représentativement la vôtre.

Cela s'est-il jamais fait pour aucun choix d'aucun chef, et surtout dans un temps parlementaire ?

C'est le pouvoir absolu que vous avez ainsi rétabli et que vous soutenez par votre illégitime abnégation.

Pourquoi donc avez-vous, en faveur de M. Thiers et de la République, dépassé votre mandat, qui ne vous demandait que la monarchie tempérée ?

CHAPITRE VI.

PRÉTEXTE DE M. THIERS POUR MAINTENIR LA RÉPUBLIQUE.

Thiers vous fait accepter la République sous trois prétextes: d'abord il fallait reprendre Paris, ensuite il faut rétablir l'ordre. Quel ordre ?... Et puis enfin, il faut réorganiser... Réorganiser quoi ? La France, la République, la Monarchie, l'ordre, le désordre, car aux moyens qu'on emploie, et qui sont ceux qui nous ont déjà tués, c'est à n'y rien comprendre.

Il n'était pas douteux, à coup sûr, qu'il fallût reprendre à votre vile multitude le Paris de la République communiste, armé de 2,500 canons et ¦de 500, 000 fusils, auquel on enseignait, il y a quarante ans, par la prédication et par l'exemple, que l'insurrection est le plus saint des devoirs.

Maintenant que cette première œuvre est accomplie par l'incomparable valeur de notre armée, et que le premier prétexte de République se trouve ainsi vous manquer, qu'allez-vous faire de cette ville-impie dans tous les sens, qui voulait déjà se rendre à elle-même justice par le suicide ?

Oui, Paris s'est décapitalisé lui-même par sa conduite, avant de le faire par son pétrole et par ses torpilles. Dans les jours qui nous touchent, il vient de refuser de se défendre, et la France avec lui, contre les Prussiens et contre la Révolution.

Il a chassé tour à tour tous les Gouvernements ; c'est au Gouvernement maintenant de l'abandonner lui-même et de le décapitaliser. La province est lasse de recevoir périodiquement une révolution tous les quinze ans de cette ville monstrueuse, qui se croit à la tête de la civilisation, parce qu'elle est en possession de l'empire de la mode et du luxe, et qui n'a que l'énergie du crime, du vice et du plaisir. La province, qui est la France, ne veut plus d'un foyer d'incendie physique et moral qui demande en temps de paix 100, 000 hommes pour le contenir, qui exigerait en temps de guerre une garnison de 200, 000 hommes, parce qu'il serait encore l'allié de l'étranger, notre premier ennemi, comme dans ces derniers jours.

Sans vouloir traiter ici à fond cette question que je considère comme vitale, je dirai que M. Thiers et consorts, qui veulent encore à tout prix gouverner, ont une routine entêtée de gouvernement, dont ils ne peuvent se détacher, parce qu'ils sentent que sans elle leur pouvoir serait perdu. Ils ont cette habitude de ne marcher qu'avec Paris capitale, parce que c'est une grande forêt d'hommes où l'on peut, comme dans celle de Bondy, détrousser la morale politique par l'astuce et l'intrigue, et, dès qu'on leur parle de décentralisation et de gouvernement avec la province, ils n'y sont plus, et leur ambition en syncope invoque tous les sels de la ruse et de l'habileté, pour la rappeler à la vie.

Voici pourquoi ils ont poussé l'Assemblée à cette faute énorme de faire elle-même, avec M. Thiers, pour général en chef, le siége de Paris, ce qui a centuplé son importance, immense déjà, en faisant ainsi une guerre entre la République et la Monarchie, de ce qui n'était qu'une attaque de bandits.

L'Assemblée n'a pas l'air de se douter que le socialisme, dont le quartier général est là, est casematé dans ce repaire intellectuel à l'épreuve de la bombe, et que ce ne sont pas la largeur des rues, les macadams, les casernes combinées et les boulevards stratégiques qui l'y vaincront. Qu'elle ne l'oublie pas, elle a pris Paris à l'insurrection, elle ne l'a pris ni au paganisme ni à la révolution.

Ce que devait faire ce sénat monarchique, c'était de rester à Bordeaux, d'y procéder avec sérénité, tranquillement, à l'élaboration et au vote des lois, à la constitution, à l'organisation du pays, et de vendre à la Monarchie le camp d'Annibal, que ses généraux auraient forcé comme tout autre retranchement. C'était une œuvre monarchique et de guerre et non celle d'une République dont l'état-major au contraire est là, et d'une Assemblée dont la mission est de délibérer et voter. Alors l'insurrection de Paris n'aurait pas été la grande question du moment, et vous auriez, en proclamant la Monarchie à la lueur de ses incendies volontaires, appris à la France que son sort ne tenait plus à sa volonté dégradée ; vous auriez eu le courage de le décapitaliser. Faites-le donc encore, et en éloignant ainsi, de cette ville maudite, hommes et choses, c'est-à-dire tout ce qui la fait vivre, vous la verrez bientôt, comme Magdeleine dans le désert, maigrir et pleurer, et prier ceux qu'elle a tant trompés, tant trahis, de lui pardonner et de ne pas l'abandonner tout à fait à la mort du pécheur.

Non, vous ne le ferez pas : les anneaux du serpent vous feront une chaîne, à laquelle vous ne résisterez pas, et avant deux mois, au contraire, vous serez encore dans cette ville dévorante, jusqu'à ce qu'elle vous étreigne et vous étouffe, et la France avec vous, comme ce serait déjà fait, si votre instinct de conservation ne vous avait, il y a quatre mois, détournés des suggestions insensées qui voulaient déjà vous y aventurer.

N'oubliez pas que, du jour où vous rentrez dans Paris, vous êtes voués au pétrole.

Maintenant, après la conquête de Paris, il faut, vous dit M. Thiers, apaiser le désordre !... Quel désordre ? Le désordre matériel, ou le désordre moral : le désordre qui frappe les yeux ou celui qui frappe les âmes et les esprits ? Vous ne vous souvenez peut-être plus que tous nos rhéteurs, tous nos sophistes, tous nos Mirabeau, nos Barnave, nos Vergniaux, tous nos Guizot, nos Thiers, nos Rouher, nos Duruy, nos Simon, nos Jules Favre, tous nos libéraux, nos universitaires, nos athées, nous ont fait plus de mal que Robespierre et Danton, Marat et Saint-Just, Raspail et Blanqui, Delescluze et Pyat ; que les sbires de la parole et de l'idée nous ont tué plus de monde et de choses que les coupeurs de tête, les *bravi* et les scélérats de la guillotine et du poignard, de la lanterne et du pétrole.

Si vous ne le comprenez pas, et vous avez bien l'air de ne pas vous en douter, non, vous n'apaiserez pas le désordre. Vous pourrez le blesser à coup de canon..., vous ne le tuerez pas...; il est pourtant facile de s'en convaincre devant le surcroît de fermentation révolutionnaire et socialiste qui s'est emparé de la France entière depuis la reprise de Paris... Vous pouvez, par la force pure, vous défaire de quelques-uns de ceux qui tirent les fusils de la révolution : vous ne tuerez pas ceux qui les chargent, puisque vous avez choisi, pour cette œuvre, précisément des hommes qui ont passé leur vie à les charger eux-mêmes.

Avec M. Thiers, vous aurez tout ce que peut donner une habileté routinière et une énergie de soixante-treize ans : aurez-vous ce que peut donner l'honnêteté de la conduite politique, ce qu'il nous faut pourtant sous peine de mort ? Je ne sais ; mais, à coup sûr, vous n'aurez rien de ce que peuvent donner les principes.

Vous avez sapé, Monsieur, tous les fondements, tous les principes de la morale, qui est la vraie force, et vous croyez qu'il suffit, pour rassurer la France sur vos desseins, qui ressemblent trop à ceux de votre passé, de venir à la tribune, en jetant sur la foule parlementaire vos pavots endormeurs, vous en laver les mains dans le bassin du pouvoir qu'on vous a livré rempli du sang des parisiens, comme le dernier Pilate de toute cette démoralisation dans les eaux ensanglantées de Metz et de Sedan.

La force est votre Dieu, votre seul agent politique ; mais faut-il que ce soit une voix ignorée, comme la mienne, qui vienne vous apprendre qu'elle n'est rien par elle-même, et, zéro vivifié par un chiffre antérieur, qu'elle n'a de valeur, comme le corps de l'homme, que par l'âme et le cœur, qui ne lui laissent plus, quand ils l'abandonnent, que l'impuissance et la mort ?

Cette vérité native vous dompte quelquefois, malgré vous, quand vous avez besoin de terrasser *cette vile multitude* démoralisée, soulevée par vos propres principes, et que M. Berryer n'aurait pas voulu insulter comme vous.

Dites-moi si c'est cette vérité dominatrice ou si c'est seulement la nécessité, votre Dieu, qui vous faisait une fois penser que les baïonnettes croyantes et morales valaient bien vos baïonnettes intelligentes d'autrefois, et qui vous dictait naguère l'ordre d'appeler, comme dernière ressource, et pour garder votre Assemblée, Cathelineau et ses volontaires, Charette et ses zouaves, dont toute la valeur est dans l'esprit qui les anime, et que pourtant on déclarait, encore l'an dernier, n'être pas Français, sans que votre éloquence de passe-passe ait songé à s'élever un instant contre une pareille iniquité, et pour la défense de leurs droits odieusement violés et de la moralité du pays blessée dans leurs personnes.

Il me souvient un jour que vous peigniez à grands traits sur la toile parlementaire l'histoire des scènes sanglantes où votre *vile multitude* massacrait ses bienfaiteurs et ses sauveurs.... Il me souvient encore, avec douleur, d'avoir vu votre éloquent pinceau s'échapper tout à coup de votre main révolutionnaire devant le saint échafaud du roi Louis XVI, et tous les regards indignés vous demander en vain l'image du martyr.

C'est ainsi que vous vous dérobez à toutes les grandes causes, et que vous volez votre éloquence à la générosité de leur défense.

Votre jeunesse et votre imagination n'étaient pas si rebelles quand il s'agissait de trouver des excuses aux emportements de Robespierre et de Danton.

C'est ainsi que je vous ai vu toujours enfermer votre parole à l'étroit dans l'explication, la combinaison ou l'attaque de quelque mauvais mécanisme parlementaire, dans le développement de quelque intrigue personnelle, dans l'écrasement de quelque adversaire politique. Jamais on ne l'a vue s'étendre largement jusqu'à l'exposition, jusqu'à la défense des principes éternels, ni jusqu'à la flagellation de l'immoralité du pouvoir, pas même de celle de l'empire éhonté des viveurs.

On répète partout, sans savoir à quoi s'en tenir, où l'on veut en venir, que c'est l'ordre qu'on veut avant tout rétablir, et qu'il faut agir et combattre pour lui. Il faudrait pourtant savoir enfin ce que l'on entend par là ; car il n'y a que les fous qui sortent de leur repos, abandonnent leur famille et donnent leur argent et leur sang pour un mot aussi vide de sens, quand il n'est ni honnêtement défini, ni clairement précisé.

M. Thiers, qui ne saurait, à coup sûr, nous dire ce que c'est que son *Deo ignoto* renouvelé des Romains, ce que c'est que son Dieu quasi-anonyme, qu'il appelle toujours la Providence, pourrait-il nous dire, au moins, ce que c'est que ce gouvernement pseudonyme qu'il appelle l'ordre, avec tant de gens qui prononcent ce mot sans savoir ce qu'ils disent et au nom duquel ils remettaient, pour nous sauver, le pouvoir à l'aventurier de Strasbourg, qui ne le saisissait que pour nous ruiner et nous livrer au désastre.

L'ordre était alors l'exploitation au profit des viveurs.

Pour M. Guizot c'était *la meilleure des Républiques*, la facilité tranquille et satisfaite *de jouir et de s'enrichir* ; pour M. Jules Favre, c'est la République honnête et discoureuse ; pour M. Gambetta, c'est l'agitation fiévreuse du rhéteur ; pour Blanqui, c'est la conspiration et le partage ; pour Delescluze, Pyat et Cluseret, c'est le pillage et l'incendie, la dévastation et le massacre.

Pour M. Thiers, qu'est-ce donc que l'ordre ? qu'il nous le dise enfin !.... Je l'oserai pour lui.... C'est l'envie, mère du socialisme, qui nous dévore, l'envie de tout ce qui peut être au-dessus de lui, et l'ambition immodérée de commander à tous. Voici son ordre, à lui, mis en œuvre par un mécanisme parlementaire sans vitalité qui se détraque à chaque instant.

CHAPITRE VII.

L'ORDRE POLITIQUE EN GÉNÉRAL.

> En France l'ordre c'est Henri V et la
> monarchie traditionnelle.

Il faut enfin savoir à quoi s'en tenir sur ce mot complaisant, si profané par beaucoup, dont l'invocation trompeuse nous a fait tant de révolutions, au nom duquel on est en train de nous préparer encore un avenir infini de discordes et de bouleversements. Il faut savoir enfin ce que l'on doit entendre par l'ordre, et il me semble qu'on devrait y tenir quand c'est pour se décider à lui donner son argent, son sang, sa famille, son bonheur domestique, pour savoir si c'est encore au Minotaure ou bien au génie de la patrie qu'on va les sacrifier.

Pour le connaître sûrement, c'est à Henri V qu'il faut s'adresser : c'est lui seul qui vous le dira, parce que c'est lui seul également qui peut vous le donner.

Il vous dira que l'ordre c'est la liberté dont on a tant parlé depuis cent ans sans la comprendre, sans se douter, en général, qu'elle est la raison et le but terrestres de tout droit et de tout devoir corrélatifs dans la société domestique, civile et politique.

Le *the solitude is the best society* de **Milton** n'était qu'une parole de démon. Non, l'isolement n'est pas dans notre nature. Il y est si peu que nos vices et nos passions, c'est-à-dire tout ce qui peut nous diviser et semblerait devoir nous isoler le plus, sont encore la raison même de notre rapprochement social, pour la nécessité qu'ils nous font sentir de nous défendre ensemble, et même par grandes masses et mutuellement, contre eux. L'individu peut-il en effet se défendre seul contre le groupe ? Le groupe, la minorité peuvent-ils isolément se défendre contre la majorité hostile ? et, comme leur nombre et leur position respectifs doivent incessamment changer, peuvent-ils, sans organisation, protéger et défendre entre eux, et alternativement et réciproquement contre eux-mêmes, leur liberté matérielle ou le droit de pourvoir chacun à sa propre existence, leur liberté morale ou le droit de choisir et celui d'être bon, et de mériter par là, leur liberté sociale ou le droit de la vie en famille, leur liberté civile ou le droit des intérêts matériels et moraux, leur liberté politique ou le droit de veiller à l'ensemble de tous les droits et de tous les devoirs, leur liberté nationale enfin ou le droit de maintenir et de défendre tous et de concert leur autonomie, leur organisation générale contre une autre organisation mitoyenne, analogue, il est vrai, dans ses raisons et ses principes, mais en partie différente dans ses conditions, ses moyens et ses applications ?

Mais, si la liberté naturelle et primitive, dont toutes ces libertés ne sont, en réalité, que des modalités spéciales, des besoins plus définis et plus déterminés, veut bien, pour s'assurer tous les avantages de la vie sociale à tous ses degrés, consentir à aliéner une portion d'elle-même, est-ce à dire qu'elle abdique tout à fait et s'abandonne tout entière ? Assurément, non. Tout en vous, toutes vos pensées, tous vos désirs, toutes vos démarches, tous vos pas n'aboutissent-ils pas à la recherche et à l'exercice de la liberté ? Si vous voulez être riche, n'est-ce pas parce que vous voulez être plus libre, et ceux qui, dans ces jours néfastes, voulaient et veulent encore vous piller et vous massacrer, ne vous prouvent-ils pas eux-mêmes que c'est votre liberté à quoi vous tenez le plus, liberté de vivre et de jouir convenablement de votre vie et des conditions que vous lui avez faites. C'est donc votre liberté que vous voulez, quand vous dites que c'est l'ordre, c'est donc pour elle que vous combattiez, et quand vous dites que c'est pour l'ordre, c'est dire, par là même, que c'est pour votre liberté.

La liberté est donc l'ordre même.

Je l'ai dit ailleurs, et je le répète pour rassurer les hommes que ce mot effrayait quand il ne servait qu'à ceux qui, sous son masque, ne voulaient que la licence ; je l'ai dit ailleurs, ce n'est pas la liberté qui est mauvaise, ce sont les mœurs. Ce n'est pas la liberté qui est dangereuse, ce sont les passions sans frein qui l'accaparent pour l'oppression des bons, en la faisant dégénérer en licence. Qui donc, en effet, consentirait à ne pas être maître de sa juste volonté, de la volonté qui peut gêner les coquins, mais qui ne nuit à personne.

Au lieu de passer notre temps depuis 80 ans à accuser la liberté, à récriminer contre elle, à la charger de tous les méfaits de la licence, de toutes les révolutions, de tous les excès qui nous ont éprouvés, ne vaudrait-il pas mieux reconnaître et répéter sans cesse que c'est elle qui est la persécutée ? Ne vaudrait-il pas mieux, au contraire, employer à la faire triompher, toute notre activité, et si tous les hommes honnêtes le voulaient bien, à coup sûr ce ne serait pas long.

Mais on ne peut pas agir efficacement dans le sens de sa liberté, isolément, tout seul contre beaucoup, contre tous : on ne peut agir avec espoir de succès que par une action commune, et c'est là précisément ce qui fait que la liberté est le but, le motif, la raison d'être de l'autorité, la raison des institutions politiques, qui sont l'autorité même et dans lesquelles chacun, par son consentement, par son approbation, par son soutien, met un peu de son esprit.

La liberté de l'homme et l'autorité de Dieu, la liberté du citoyen et l'autorité du gouvernement, voilà, réduite à sa plus simple expression, toute l'organisation de la société humaine. Mais cette autorité, ce gouvernement sont une réalité, ont un nom qui représente tout ce qui est le plus approprié au climat, au caractère, aux mœurs, à l'histoire, à toutes les conditions du pays qui les a choisis et qu'ils constituent à l'état de nation.

Eh bien ! c'est ce nom que Henri V donne à son ordre, pendant que nous demandons en vain à M. Thiers de nous nommer le sien, qui n'aurait besoin pour nous perdre que de rester obstinément anonyme.

L'ordre qui est la liberté, par un de ces artifices de langage, par un de ces syllogismes sous-entendus ou précipités qui transposent le nom des choses de la conséquence au principe, ou du principe et du motif à la conséquence et au moyen, l'ordre, dis-je, qui est la liberté même, dans la polémique et dans l'usage, prend ordinairement le nom de l'autorité et même celui du gouvernement chargé de veiller à sa garde et d'assurer son maintien.

Pendant que, en Suisse, l'ordre est la République, en France c'est la monarchie, la monarchie traditionnelle représentée par une famille, par un homme, qui demain sera un autre, mais qui est, à l'heure présente, Henri V.

Voilà l'ordre tel qu'il doit être compris, tel qu'il est en vérité, qu'il faut rétablir et défendre, et pour lequel il faut combattre sans crainte de se tromper ni d'être trompé.

CHAPITRE VIII.

LA LOGIQUE DE M. THIERS.

> C'est d'organiser avant de constituer.

Nous avons dit que M. Thiers a fait conserver la forme républicaine sous prétexte de réorganisation préalable..... Réorganisation de quoi, puisqu'il n'y a rien encore à réorganiser? Réorganisation de la République? Alors l'Assemblée trahirait donc son mandat!... De la monarchie? alors c'est moins qu'une trahison, certainement; mais c'est à coup sûr un inimaginable non-sens. Faire proclamer la République définitive par une Assemblée entièrement monarchique, c'est, il est vrai, une immense déception pour le pays et la plus sanglante réfutation du suffrage constituant; mais faire organiser la monarchie par la République, c'est, aux yeux des hommes qui pensent, une entreprise si pleine de déraison et de périls, qu'il devrait paraître impossible à des êtres doués de quelque bon sens d'y consentir jamais et de la tenter.

En organisant sans proclamer préalablement la monarchie, on ne pense donc pas à tout ce qu'on ajoute de trouble et d'obscurité aux ténèbres déjà trop profondes des esprits !... on ne pense donc pas que, lorsque ce grand fait aura lieu, comme c'est inévitable, malgré M. Thiers, dans un avenir prochain, tout sera encore à recommencer, à changer de fond en comble, et l'organisation, et l'administration, et les lois...; car la France est fatiguée de toutes vos vieilles jambes qui la font trébucher sans cesse, avec lesquelles elle ne peut plus, elle ne veut plus marcher, et qui n'ont su la conduire qu'aux abîmes.

Voici la grande erreur du siècle, qui nous a été si fatale, et qui menace pourtant de l'être plus que jamais sous la direction de M. Thiers, le génie de la ressource et du sophisme, de l'artifice et des institutions mécaniques sans moteur naturel et rassurant : c'est de s'imaginer que des institutions politiques, comme la presse, le jury, la garde nationale, le suffrage universel peuvent se tenir et se diriger en l'air, toutes seules, sans point d'appui, se mouvoir par elles-mêmes, sans source d'impulsion, et vivre plus ou moins utilement et longtemps, selon qu'on leur aura donné ou plutôt laissé, par des combinaisons ingénieuses, certaines conditions propres de force et de durée relatives.

C'est là une erreur profonde et funeste.

Toutes les inventions d'arrangement et de réglementation que vous avez trouvées pour elles ont-elles réussi à leur donner une heure de bon fonctionnement? Il n'était pas, à coup sûr, besoin des dernières catastrophes pour vous détromper à ce sujet, si vous étiez véritablement amoureux de vos œuvres. Quatre-vingts ans de combinaisons plus ou moins ingénieuses, ne le voyez-vous pas? n'ont pu suppléer à ce qui leur manquait, et que vous ne vouliez ni ne pouviez leur donner, la base, le principe, conformes à la nature de l'homme, de son esprit, de son existence sociale, l'air respirable, indispensable à leurs poumons, le milieu, enfin, qui est la condition de leur vie et de leur perpétuité.

Si nous sommes arrivés, de maladie en maladie, jusqu'au délabrement dont nous souffrons, c'est que vous avez organisé, réorganisé, sans principe et sans base, comme vous voulez continuer à le faire, comme une Assemblée trop flexible paraît disposée à vous le permettre encore, en vous secondant même, et que vous ne constituez jamais. L'Assemblée aura beau faire : sa prétendue souveraineté ne fera jamais vivre les poissons dans l'air et les oiseaux dans l'eau, pas plus qu'elle ne fera vivre une organisation en dehors des conditions constitutives, du milieu qui peuvent lui donner et lui permettre la vie.

C'est là le mal invétéré !... Et ce qui fait encore le désespoir présent de la patrie, c'est de voir une Assemblée de collodion reproduire si inconsciencieusement et si servilement toutes les impressions du photographe politique, qui voudrait en vain les fixer...; c'est de voir une Assemblée honnête se laisser ainsi duper et ne pas comprendre qu'une organisation ne peut se tenir en l'air, sans point d'appui ; qu'on ne la fait pas sans une idée génératrice et constitutive qui doit l'enfanter d'abord, sans une règle qui doit raccorder ensuite ses diverses parties, sans un criterium, enfin, auquel on mesure toutes les institutions qu'elle comporte.

Si vous n'avez pas un principe générateur d'où naisse et se développe la filiation de vos idées, vous ne saurez d'où partir, si ce n'est du hasard et du caprice ; vous n'aurez aucune cohésion entre vos élucubrations, isolément, plus ou moins sensées.

Si vous tentez d'organiser la République sous la monarchie ou la monarchie sous la République, nous ne serons plus qu'un mécanisme composé de petits bonshommes qui vont dans tous les sens, chacun dans le sien, et dont les mouvements isolés et l'incohérente agitation ne sauront produire que la confusion et le désordre.

Voilà ce que vous demande, ce que vous fait faire M. Thiers..., mais ce dont ne veut pas la France.

Avec une pareille construction, vous seriez sans doute quelques jours à couvert, heureux, tranquilles du repos enfin regagné ; mais un jour surviendrait bientôt où sévirait la torride chaleur qui ferait fondre votre point d'appui, et vous vous apercevriez trop tard que vous avez bâti sur la glace décevante d'une nuit, car votre édifice décomposé, ruiné, serait déjà au fond de l'abîme que vous n'aviez pas comblé pour l'asseoir et le consolider.

Mais M. Thiers est habile et trop intelligent pour ne pas comprendre la filiation naturelle des idées, qui veut que la constitution précède l'organisation. Il s'est fait, sur ses vieux jours, le proxénète de la République, et c'est avec une infatigable activité qu'il travaille à lui chercher, à lui créer des amateurs. Il vous l'a fait proclamer déjà, sourdement, dans sa personne; pour ne pas effaroucher votre fibre monarchique, il va vous la faire organiser, sans que vous vous en doutiez, et puis ensuite il viendra vous dire, après quelques jours de fonctionnement suffisamment satisfaisant : Ce qu'ensemble nous avons fait là ne marche pas trop mal, si bien qu'il serait, en vérité, dommage de l'entraver par la recherche d'un roi, par un choix qui ne pourrait se faire sans bouleversements certains. En ne croyant qu'organiser, c'est la République que nous avons par hasard constituée ; gardons-la donc, si vous voulez m'en croire et si vous voulez être sages, puisque avec la monarchie il faudrait recommencer à constituer et à organiser, ce qui n'aurait pas lieu probablement sans troubles.

Le tour sera joué, et voilà comment, par la grâce de M. Thiers, nous aurons encore à faire l'épreuve de la République subreptice.

Si la République n'était pas, en effet, dans ses projets, pourquoi donc aurait-il choisi un ministère républicain incrusté de socialistes? pourquoi laisserait-il tous ses agents les plus élevés parler sans cesse de la fonder? pourquoi répéterait-il à tout propos qu'elle n'est pas en danger, qu'il ne la trahira pas? pourquoi refuserait-il enfin de proclamer le roi pour organiser la monarchie?

Croyez-moi, la République est déjà faite dans son esprit. C'est le linceul dans lequel sa vieillesse, ambitieuse encore, veut faire ensevelir sa dépouille, par la France elle-même, en deuil déjà de ses propres beautés, de toutes ses grandeurs.

Nommé par la monarchie, il a dit à la République qu'il ne la trahirait pas... Que dira-t-il donc à la monarchie quand elle osera se plaindre de sa duplicité?

Mais que lui importe à lui !... on célébrera encore son habileté sur tous les tons associés de l'admiration et de la simplicité, et lui se frottera ironiquement les mains de ce chef-d'œuvre de ses vieux jours, d'avoir pu faire proclamer et fonder la République par une Assemblée entièrement monarchique.

Voilà, Messieurs de l'Assemblée nationale, ce qu'il y a dans cette idée, vraiment magnifique, de procéder à l'organisation avant la constitution, à l'organisation enfin d'une chose qui n'existe pas encore.

CHAPITRE IX.

C'EST HENRI V QUI, SEUL, PEUT CONSTITUER ET ORGANISER LA FRANCE.

Dans le cercle de cette Assemblée sans ressort et surtout sourde et muette : sourde pour la France, muette pour M. Thiers, il semblerait que rien ne peut avoir accès, rien, si ce n'est le sophisme et le mensonge du gouvernement.

Ce n'est pas cela qui nous sauvera, puisque c'est là précisément ce qui nous a déjà perdus.

Ce n'est pas M. Thiers, qui en est la plus opiniâtre incarnation, qui changera ce système usé par quatre-vingts ans d'agitations, de désastres et de bouleversements.

Ce n'est pas M. Thiers, le fils de la révolution, qui se parricidera, qui la tuera.

On m'accusera, surtout après la reprise de Paris, de la noire ingratitude d'attaquer M. Thiers, qui serait, dit-on, notre sauveur. D'abord, je ne crois pas aux sauveurs, qui nous ont, au contraire, toujours perdus ; ensuite, je ne crois pas que ce soit lui qui ait pris Paris.

Le patriotisme et l'énergie de notre armée n'avaient pas, pour cette œuvre d'ordre, besoin du complice de la trahison.

d'une partie de l'armée de 1830, dont le souffle fatal paraît continuer à n'être toujours que la division et la tempête.

Plût à Dieu qu'on m'accusât plutôt, avec raison, de l'avoir perdu !... Mais, du fond de mon infériorité, je n'ai malheureusement pas la puissance de porter si haut ! Pendant combien de temps faut-il donc se résigner encore à le subir ? Et la Providence, pas la sienne qui n'est rien, mais la vraie qui s'appelle Dieu et qui nous flagelle si durement depuis 10 mois, aurait-elle donc toujours besoin de lui pour nous châtier de plus en plus ?

M. Thiers notre seul sauveur !... Mais en supposant que ce fût aujourd'hui vrai, nous serions donc perdus, puisque notre salut reposerait sur la fragilité d'un vieillard ! Qui ne serait alors plein de trouble et de désespérance en pensant qu'il faudrait absolument, sous peine de ruine, être tout à fait constitués, organisés, sauvés avant sa mort !... Et, après lui, qui est-ce qui ferait marcher sa machine ! et après lui, il n'y aurait donc plus ni rien ni personne !... Nous sommes donc perdus !...

Et après Henri, me dira-t-il, qui est, selon vous, le seul qui puisse nous sauver ?

Vous ne m'avez pas compris, Monsieur : je ne vous ai pas dit cela. Par ces paroles, qui sont la vérité, ce n'est pas de cet homme de chair comme nous, que j'ai voulu parler, mais du principe qu'il représente, qui ne meurt pas, et dont l'incarnation indéfinie passe après lui, sans commotion, sans renversement, dans son plus proche héritier.

Le roi est mort ! vive le roi !... C'était le cri de cette vieille France de la modération, de la grandeur et de la prospérité. C'est pour l'avoir oublié, c'est pour avoir suivi, Monsieur, depuis plus de quarante ans, les excitations et les conseils de votre mauvais génie que nous sommes tombés si bas.

Il est un mot, en vérité, au moins bien inutile dans toutes les langues : c'est le mot *expérience*, dont la chose ne sert absolument à personne et qui devrait être rayé de tous les dictionnaires, parce qu'il n'est qu'un instrument de reproche et de déception.

Après la révolution du quatre septembre dernier, le souvenir d'Henri V, à l'instant, se raviva dans toutes les âmes, dans toutes les têtes, dans tous les cœurs, comme un espoir de salut. Mais il y avait des peureux ; trop, hélas ! des ambitieux, des intrigants, des habiles, qui se sont dit : Nous voici unis contre l'ennemi commun ; c'est la République, providentiel terrain neutre, qui nous fait cette union : conservons la République. C'est M. Gambetta, vraiment tombé du ciel, qui la représente : conservons M. Gambetta. C'est elle qui est notre salut, c'est lui qui va chasser les Prussiens. Gardons tout cela...

Vous avez vu comme ils nous ont sauvés, lui et sa République !...

On n'avait pas pensé que l'union ne sert à rien quand on n'a ni rien ni personne pour la mettre en œuvre.

C'était l'aveuglement du vertige et de l'épouvantement.

Et voici qu'à peine sortis meurtris, mourants de la stupidité Gambetta, on la recommence par M. Thiers, avec un aplomb qui n'impose qu'aux simples, et parce qu'on se souvient qu'il lançait autrefois un de ces axiomes, vides de sens, dont les perroquets politiques font toute la fortune en les répétant doctoralement :

La République est le gouvernement qui nous divise le moins.

Voyons ! il faut en finir une bonne fois avec un pareil mensonge, comme avec tous ses artifices de langage. Vous qui réglez sur cet homme toute votre conduite politique, vous croyez ou vous ne croyez pas à cet aphorisme. Si vous y croyez consciencieusement, il faut garder définitivement la République, puisqu'elle nous unit, que c'est le plus grand bienfait d'un gouvernement et que c'est précisément ce que nous demandons tous. Mais si vous n'y croyez pas, si vous croyez le contraire, sauvez-nous donc de M. Thiers, dont tout le monde a peur, au fond ; délivrez-nous donc de cette République, qui est le gouvernement de la division et dont personne ne veut, puisque c'est précisément pour cela qu'on vous a tous nommés.

Henri V, proclamé aussitôt après le désastre de Sedan, nous aurait sauvés des Prussiens et de la honte d'une défaite générale et complète, seulement par la vertu de son principe et par son ascendant personnel sur la France et sur l'Europe entière, par l'espoir du salut national d'abord et aussi du repos civil qu'il nous assurait, ensuite, par la confiance qu'il aurait inspirée à tout le monde et même aux opinions les plus contraires, si elles veulent être sincères.

Il faudrait ne pas se douter de ce que c'est que la confiance, pour ne pas comprendre combien de ressources elle sait tirer des situations qu'elle inspire, des positions les plus désespérées ; combien elle encourage les hommes et révèle les capacités, combien elle anime et soutient les courages, combien elle excite et l'énergie et l'action, combien enfin elle est miraculeusement attractive du succès !...

Cet exemple était sous nos yeux et nous suppliait de suivre ses conseils : de proclamer, pour nous sauver, au moins, des catastrophes de la paix, la monarchie, qui nous aurait affranchis, si nous l'avions voulu, des hontes, des ruines, des désastres de la guerre.

On ne l'a pas voulu..., le voudra-t-on enfin !...

Mais j'oubliais que l'expérience est un mot vide de lumière et de sens et qui n'a jamais éclairé ni convaincu personne.

L'homme de Sedan et M. Gambetta nous ont déjà coûté bien cher !... Combien nous a coûté M. Thiers, à son tour ? M. Gambetta avait, avec ses amis, qui sont encore ministres malgré leur complicité dans ses actes, fait son coup d'État par la violence et la stupeur : M. Thiers a fait le sien avec eux par la ruse et la bonhomie dans l'accablement de la France.

Croyez-vous donc qu'il ne nous coûte pas, déjà autant que les autres, d'argent, de provinces et de hontes ? Pouvait-il faire autre chose qu'un désastreux traité, le voyageur ridicule et récent de toutes les cours de l'Europe, d'où il ne rapportait que de railleuses flatteries pour son incommensurable vanité?

Si l'on n'avait pas suivi les conseils d'une folle temporisation et d'un sophisme invétéré dans les esprits, est-ce que ce traité, si honteux, n'aurait pas été tempéré par l'ascendant moral d'Henri V et par la position dominante qu'il eût occupée dans l'opinion de l'Europe et du monde!... N'était-ce donc pas, dans nos désastres, quelque chose de bon à gagner que deux ou trois milliards et quelque moitié de province?

Qui donc aurait osé, devant sa providentielle intervention, renouveler l'effronté mensonge de 1815, l'accusation de retour par nos vainqueurs, contre lui, contre sa dynastie qui nous sauvait, à cette époque, d'un partage menaçant ou de la domination d'un prince étranger et qui ne mettait pas plus de quinze années pour réparer toutes nos fautes, toutes nos folies, tous nos désastres, pour refaire nos finances et notre prospérité, et nous remettre enfin au premier rang des puissances de l'Europe?

Ce malheureux traité ne pouvait être que bien sombre, il est vrai ; mais combien avec Henri V il eût été moins noir ! Faut-il donc, après l'avoir empêché de sauver la France d'une défaite consommée et d'un traité aussi honteux, qu'on l'empêche encore de la sauver des affreux bouleversements d'une République, malgré tout, transitoire, contestée par tous et même par la plupart de ceux qui acceptent son nom ?

La France a tant besoin d'ordre et de repos que tous auraient vu bientôt que lui seul pouvait nous les rendre et nous les conserver.

CHAPITRE X.

***

ON DIT QUE NOTRE DOCTRINE EST IMPUISSANTE.

***

> L'ordre est la résultante du principe et du nombre.

J'entends toujours bien des gens qui fondent en lui tout leur espoir, sur lui toute leur politique, m'accuser de tirer sur M. Thiers et de démolir son édifice comme les brigands de la Commune. Mais, ce sont eux-mêmes qui se noient!... Ils s'accrochent à une planche vermoulue, elle-même complice de la tempête, et ils ne veulent pas du vaisseau généreux et sûr qui. s'offre providentiellement à eux pour les prendre et les conduire au port.

Ils ne veulent pas de ce vaisseau magnifique, parce qu'il vient trop tôt, disent les uns, et, disent les autres, parce qu'il porte dans ses flancs la légitimité qu'ils redoutent. Qu'a donc, pour ne répondre ici qu'aux derniers, qu'a donc cette doctrine qui puisse les blesser?...

La légitimité est pourtant tout simplement la doctrine de la stabilité et celle qui renferme le moins de passions en même temps que le plus de bon sens. Elle a toutes les condi-

tions de la paix, de la prospérité, de la grandeur et de la
stabilité. Au contraire des autres partis, qui ne sont tous,
même individuellement, qu'un gâchis indigeste de toutes les
idées les plus diverses, depuis les plus consciencieuses jusqu'aux apostasies les plus insouciantes et les plus alternati-
ves, le parti légitimiste seul est une homogénéité composée
d'hommes ayant les idées les plus semblables, les plus identi-
ques, les plus simples, les plus claires et les mieux définies.

Ceux qui troublaient sa pureté et n'y étaient qu'un élé-
ment de désordre et de dissolution, ceux qui ne tenaient à lui
qu'avec insuffisance de cœur ou d'intelligence et par un fil
d'araignée pour des toiles obscures, ont eu, pendant quatre-
vingts ans d'agitations et de bouleversements, tout le temps
de s'en détacher par l'usure, la lassitude ou la violence, et
surtout depuis 1830, qu'il n'avait plus rien à donner ni à
l'amour-propre ni à la cupidité.

Il ne lui est donc resté que les hommes amarrés à son
rivage par l'observation assidue, par l'étude persévérante,
par la conviction la plus solide et la plus éclairée, par la confiance et par la foi la plus soumise, enfin par le bon sens, par
le désintéressement, par le respect de soi-même et par l'in-
flexibilité de la conscience.

Ce sont eux qui font son unité, sa cohésion persistante :
c'est à eux qu'il doit l'inaltérabilité de sa doctrine et cette
force qu'elle a toujours, cette vitalité suffisante pour traverser
quatre-vingts ans de révolutions, qui ont usé, vieilli, tué
toutes les autres. Où serait, sans eux, le salut de la France ?
et n'ont-ils pas droit à quelque fierté d'avoir, dans le silence
de leur retraite souvent méprisée, conservé l'arche sainte, à
quelque dédain pour ces iconoclastes de leurs propres images,
pour tous ces solliciteurs courbés et satisfaits qui travaillaient
à la briser ? Mais qu'ils se rassurent ; si nous les rappelons
pour la soutenir avec nous, ce n'est pas pour les faire terrasser par sa vengeance. Qu'ils reprennent leurs sens, qu'ils
approchent : elle renferme, au contraire, encore quelque
chose pour eux.

Ce n'est pas à dire que cette fixité de principes nous ait imposé, dans l'application, une immobilité qui n'est dans la nature d'aucune chose humaine. Toutes les institutions, dans le monde, ont subi des modifications plus ou moins importantes; il ne dépendait pas de nous de résister ou de céder au mouvement. Nous avons fatalement obéi à la loi des êtres et des choses, et l'application de nos principes a naturellement suivi l'ascension du progrès. Qui pourrait reprocher, en effet, à notre monarchie d'être encore celle de Louis-le-Gros ou de Philippe-Auguste, de Charles V ou de Louis XI, de Louis XII ou de Louis XIV, et même celle de Louis XVI ou de Charles X.

C'est en vain qu'on me dira qu'on ne peut compter sur la puissance d'un principe qui n'a pu constituer l'ordre en 1789, qui l'a laissé détrôner en 1815 et en 1830. C'est comme si l'on refusait de croire à la vigueur, à la santé d'un homme qui s'est laissé tuer par un boulet de canon. Après vous avoir, à vous-même, demandé si tous vos systèmes expérimentés depuis 89 ont bien établi l'ordre plus que notre principe que vous condamnez pour n'avoir pu le donner, je vous dirai : repoussez donc alors la morale du Décalogue, parce qu'elle n'a pu, depuis quatre mille ans, s'imposer assez fortement à l'humanité pour fonder l'ordre absolu dans la société rebelle. Parce qu'elle a été, de tout temps, honnie, repoussée, détestée et qu'elle doit l'être encore, la condamnerez-vous aussi? Et ne savez-vous donc pas que c'est la nature même de la vérité, sa destinée, sa mission d'être perpétuellement militante, d'être toujours attaquée et de lutter toujours pour la défense et pour le triomphe?

Et, d'ailleurs, dire que notre principe n'a pu rétablir l'ordre, c'est un sophisme profond, c'est une confusion d'idées. Il n'a pas été toujours nominalement au pouvoir, c'est vrai; mais il est tout aussi vrai que tout ce qui reste d'ordre dans vos entreprises artificielles vient encore de lui et tient encore à son inévitable puissance. S'il n'y eût eu rien de lui dans tous les gouvernements qui se sont substitués à sa place et bousculés l'un sur l'autre, vous en auriez vu bien d'autres. Soyez sûrs qu'ils n'auraient pas vécu six mois. S'ils avaient jugé l'hérédité si malsaine, en auraient-ils donc fait la base de leurs constitutions? Ils la trouvaient donc aussi parfaite en eux que détestable en nous; mais ils avaient le bon sens trop court pour comprendre que la légitimité, qui en procède, n'éclôt pas dans un jour, et qu'elle a besoin du temps pour la couver et lui donner la vie.

D'autre part, tout n'a-t-il pas été remis entre les mains du nombre, depuis quatre-vingts ans? L'ordre n'était donc plus qu'une affaire de force et de supputation, et vous, qui aviez plus de nombre que de principes, avez-vous, plus que nous, qui avions plus de principes que de nombre, rétabli l'ordre, détruit par leur hostilité réciproque? C'est que l'ordre n'est une affaire ni de nombre seul, ni de principe seul; il lui faut indispensablement l'un ou l'autre. Vous auriez donc autant tort d'objecter à notre principe qu'il a été impuissant à établir l'ordre, que nous en aurions nous-mêmes de nous étonner que votre force, votre nombre n'aient pu le faire non plus.

C'est donc l'alliance entre ces deux moyens qu'il faut absolument, mais aussi la soumission du plus changeant au plus fixe, du plus faible au plus fort. Il n'en est, entre les deux, qu'un seul qui ne change pas et qu'on est sûr de retrouver toujours avec son efficacité : c'est le principe, mais il faut que ce soit le vrai principe. Puisque le nôtre, sorti inaltéré, mais éprouvé plutôt, purifié du creuset du temps et des révolutions, n'a pas changé, c'est donc le vrai, le seul sur lequel on peut compter toujours, le seul qui puisse utilement traiter avec tous les autres partis et il leur dit : Vous n'avez plus de principes puisque vous n'avez plus les mêmes, si vous en avez jamais eu. Moi, je suis toujours semblable à moi-même, j'ai la même nature, la même puissance, les mêmes hommes, les mêmes défenseurs. Vous n'avez plus rien de votre nature, rien de ce que vous aviez il y a cent ans, si ce ne sont les mêmes passions; vous êtes un mélange confus de tous les éléments les plus contraires, et, quant au nombre, aux hommes, vous n'êtes plus, comme le monde accidentel et spontané de quelques-uns d'entre vous, qu'une formation hétérogène de tous les atômes ambiants et crochus de l'atmosphère politique. Quant à mes partisans, s'il est vrai qu'ils soient encore les mêmes et qu'ils aient conservé dans leur sein toute ma pureté, il s'en faut qu'ils soient aujourd'hui aussi nombreux. Non : ils n'ont plus le nombre qui s'est modifié pour eux comme celui des autres partis. Vous n'avez donc plus isolément, ni les uns ni les autres, tout ce qui peut assurer le triomphe de l'ordre, qui demande le concours combiné du principe et du nombre. Le seul moyen de rentrer dans ses conditions d'une manière durable, c'est de vous rapprocher enfin, de vous unir... Réunissez-vous donc : il y va du salut de la patrie.

Il ne s'agit plus de partis. Tous fondent incessamment dans la fournaise, tous se détraquent, tous se désagrègent, et ils en seront bientôt réduits à ne pouvoir plus ni se compter ni se nombrer, tant ils seront multipliés, à ne pouvoir même plus se voir, se percevoir, se reconnaître, tant ils seront réduits, individuellement, à des quantités minimes.

Quand je parle de partis, je ne tiens aucun compte de toute la tribu des transfuges, des tiers, des quarts de déserteurs, de tout le tiers ordre de la congrégation des renégats, d'où sort généralement cette race malfaisante de solliciteurs acharnés, créés pour vivre de notre substance morale et métallique, qu'il faut à tout prix exterminer. Tout cela c'était la condition sanitaire et vitale et la lèpre de l'ordre du juste milieu des Napoléon et des Barras.

Leur destruction, leur anéantissement est une condition *sine quâ non* de l'ordre des principes et du règne de l'honnêteté. Quand je parle de partis, je tiens donc à l'écart ce compost indigne qui n'a pour effet que de stériliser le terrain qui le reçoit. Je ne parle, dans quelque camp qu'ils se trouvent, que des hommes de solides convictions, de fidélité éclairée et consciencieuse à une doctrine qui leur paraît la seule vraie, la seule efficace.

Eh bien ! que tous ces partis, réduits comme le nôtre, le reconnaissent donc enfin : il y a une réalité faite et prouvée par quatre-vingts ans d'épreuves ; c'est, d'un côté, l'altération, l'inconsistance, l'impuissance radicale de leur système ; c'est, de l'autre, l'inaltération, la fixité, la nécessité absolue du nôtre et son efficacité.

Leur nombre s'est fondu, s'est réduit à un chiffre qui ne compte plus. Tout s'est usé chez eux : toutes leurs théories, tous leurs moyens, toutes leurs illusions !... Sera-t-il toujours vrai qu'il ne leur est resté que leur aveuglement, leurs préventions et leur entêtement ?

Peut-on en dire autant de nous ? Est-il un homme qui puisse dire que notre système, notre principe ait varié ? Si notre parti, quant au nombre, a supporté, comme les autres, une diminution fatale, peut-être heureuse et providentielle, peut-on dire qu'au milieu des modifications d'application, auxquelles il sent la nécessité de se prêter, notre principe ait subi la moindre altération, ait rien perdu de sa nature et de sa puissance ? Quel parti pourrait le lui reprocher, quand ils reviennent tous à nos idées fondamentales, comme à l'hérédité et spécialement à cette décentralisation essentielle demandée par Henri V depuis plus de vingt-cinq ans, et qu'il est près, nous l'espérons tous, de réaliser parmi nous ?

On peut en chercher d'autres dans la région des passions, des rêves et des chimères ; mais dans le domaine de l'idée, de la raison et du bon sens, il n'y a plus que notre doctrine, nos intentions, notre conduite qui restent debout : tout le reste a sombré dans la vanité des efforts tentés pour le faire prévaloir, et dans les désastres auxquels ils ont tous abouti.

Je le sais : ce ne sont pas nos principes qui offusquent et blessent les dissidents, mais leurs défenseurs antiques et leurs noms contemporains de l'adoption et des développements de leur système. Il est facile de s'en convaincre par ce fait évident qu'à mesure que notre nombre diminue on s'approche davantage de nous.

Ce n'est pas la première fois que je le dis depuis vingt

années, tant j'ai foi dans la puissance et la vertu de son principe, la légitimité ne reviendra reprendre en France et continuer son règne bienfaisant que lorsqu'il n'y aura plus de légitimistes. Ce qui se passe maintenant n'est-il pas la confirmation de cette pensée, la réalisation de cette prévision, puisque malgré leur petit nombre, ou plutôt en raison de leur minorité si restreinte, la vérité de leur doctrine, la nécessité de son avénement, et le désir et l'espoir de son application se sont emparés de toutes les imaginations?

Oui, je puis dire..., j'ose dire qu'il n'y a presque plus de légitimistes...

C'est le moment où il vous appartient, hommes de tous les partis décomposés, dévoyés, d'affirmer, dans son chef, la monarchie traditionnelle, et de dire enfin qu'il n'y a plus en France que des légitimistes.

Alors la France sera sauvée, parce que nous vous aurons donné le principe et la force morale qui vous manquent et que vous nous aurez apporté le nombre et la force matérielle que les passions politiques nous avaient enlevés.

CHAPITRE XI.

IL N'Y A PLUS D'HOMMES, HENRI V EN FERA SURGIR.

Allons ! il faut le dire, en dépit des ébahissements et des ébaudissements des admirateurs matérialistes de l'exposition universelle et du gouvernement modèle du dernier empire ! il faut bien l'avouer : nous sommes en pleine décadence. Pas un homme au milieu de notre désert d'intelligence et de moralité !... Pas un homme dont la tête émerge au-dessus de cet horizon de sable pulvérisé, nivelé par la révolution à fleur de médiocrité. Pas un homme qui puisse nous permettre de dire même, *rari nantes in gurgite vasto*.

Quoi d'étonnant dans cette pénurie ? L'homme ne vaut que par l'âme, puisque son éloignement de lui, son abandon n'en fait plus qu'un cadavre. C'est précisément ce qui est arrivé. L'âme mise en doute par les jouisseurs, qu'elle gênait, s'est retirée de l'humanité et la confusion des idées, qui les tue dans le cerveau, n'a plus laissé que des corps aptes encore à palper des écus et à digérer des côtelettes, mais incapables d'élaborer la pensée.

Il n'y a pas un homme !... je remplis tous les échos de mon appel : pas une voix n'y répond !... Penché sur cette Assemblée, qui est, à coup sûr, la fleur du pays, je cherche en vain. Diogène lui-même n'y trouverait ni rien, ni personne. Tout est usé, tout est perdu, les hommes et les choses ! En achevant la France, MM. Jules Favre, Picard et Simon se sont également achevés et M. Thiers lui-même n'a plus retiré du naufrage des intelligences que son talent d'endormeur qui a bien quelque prix, il est vrai, pour une Assemblée qui aime à se laisser bercer et qui ne demande qu'à dormir, mais qui ne convient pas à la France, qui ne demande qu'une chose, qu'on la réveille et la reprenne aux limbes de la mort qui menacent de la garder toujours. Il ne lui reste plus rien à lui-même que son sophisme et sa ruse, et Adolphe Ier n'est plus que Gambetta II, depuis que la reprise de Paris a fini de licencier tous les généraux laïques.

Vous m'avez pourtant dit naguère, m'objecterez-vous alors, que les principes, voire même le vôtre, sont tout à fait impuissants sans le concours des hommes.

C'est vrai, et comment pourrait-il en être autrement puisqu'ils ne sont qu'à leur usage, qu'ils sont leur nature même et la condition propre de leur existence personnelle et sociale? Non, les principes, qui peuvent tout, ne peuvent cependant rien sans l'intervention des hommes destinés à les mettre en pratique et, à défaut desquels, ils n'auraient plus aucune raison d'être. Il leur faut donc absolument le nombre, il leur faut des hommes de capacité, et ni vous, ni nous, ni personne aujourd'hui ne pouvons leur en donner.

A la face du règne du mensonge, j'ai demandé celui de la franchise ; je veux en donner l'exemple. Oui, le mal du siècle a tout envahi : il nous a nous-mêmes atteints, et le niveau du parti légitimiste a baissé comme celui des autres ; pourquoi ne le dirais-je pas, quand tout ce monde le voit. Tout ce qui lui reste de force est dans son principe.

Il n'y a qu'un homme au monde qui puisse relever ce niveau général de sa prostration du bas-empire ; un seul, non pas tant par sa valeur personnelle, pourtant incontestable que par les idées essentielles qu'il représente et nous rapporte et qui ne peuvent périr, que parce que aussi, durant les quarante ans d'exil qui l'ont tenu à distance de cette fournaise, encore incandescente, qui a tout fondu dans une confusion peut-être sans précédents dans l'histoire, spectateur impuissant et navré, il assistait inaccessible à la désorganisation qui nous tue et qu'il est resté véritablement un homme et pour ainsi dire l'Adam d'une création nouvelle.

C'est celui que tout le monde aujourd'hui couronne déjà du nom d'Henri V, et qui vient de s'affirmer lui-même si grandement par le manifeste de la franchise et de la vérité.

Mais, me direz-vous encore, il ne gouvernera pas seul, et vous-même, vous avouez que vous n'avez plus d'hommes pour le seconder dans son œuvre réparatrice et grandiose.

Vous ne m'avez pas compris. Et d'abord n'oubliez pas surtout, qu'à tout prix, nous ne voulons pas gouverner seuls, parce que nous sommes honnêtes, et qu'en repoussant les autres partis, nous serions certains de retomber dans l'abîme, en les entraînant eux-mêmes ainsi que la France, irrémissiblement avec nous.

Vous ne m'avez pas compris. J'ai dit que je ne voyais, nulle part, aucun homme capable de gouverner et d'administrer ; mais je voulais dire sans lui.

Par la rénovation sociale, domestique et politique qu'on lui verra insensiblement opérer, il affirmera à mesure cette puissance morale, si nécessaire à son œuvre, dont le trouble des esprits et des cœurs avait égaré la nation et la foi, et les vieux Franks régénérés pourront encore faire de bonnes et grandes choses : *Gesta Dei per Francos.*

Il sera la tête et la pensée : à coup sûr, il est l'honnêteté et aussi certainement l'intelligence et l'énergie. C'est assez pour imprimer le juste mouvement aux hommes que tous les partis, sans exception, voudront bien lui prêter pour le gouvernement et pour l'administration. C'est assez pour vivre régulièrement, honnêtement, simplement, modestement d'abord, comme une famille frappée par le malheur, comme il nous convient aujourd'hui, comme nous l'impose une situation créée par quatre-vingts ans d'épuisement et de révolutions. Son inspiration surtout est assez pour accomplir une semblable mission. Maintenant que nous n'avons besoin que d'ordre, il suffit seul à cette tâche. Quans nous serons guéris et réconfortés, quand il s'agira de faire de grandes choses, il a tout ce qu'il faut pour y suffire encore, et alors, soyez-en sûrs, puisque vous savez que c'est la désorganisation des intelligences qui rabougrit les hommes et qui les tue, soyez-en sûrs, l'ordre une fois rétabli partout et surtout dans les têtes et dans les cœurs, l'ordre reconstitué, dis-je, aura créé assez d'hommes, assez de génies, assez de caractères surtout, pour l'aider dans cette œuvre nouvelle, qui sera plus glorieuse que la première, sans être plus utile et même également indispensable et vitale.

Voilà sa mission et sa puissance. Et vous qui craignez encore qu'il ne trouve personne pour la servir, soyez confiants, soyez rassurés, soyez tranquilles : comme il y a un crédit des écus qui les fait sortir, il sera le crédit des hommes qui les fera trouver.

C'est ce que ne verront pas les automates qui n'aperçoivent dans la société que des équilibres, des organisations, des supputations et des chiffres et des comptes enfin, sans penser aux mécomptes ; mais c'est ce que sauront bien voir ceux qui savent trouver la vie de la société dans la foi, la raison, le respect, la hiérarchie et la subordination. C'est ce que ne comprendront pas ceux qui ne voient le progrès que dans les choses qui tombent directement sous le regard ou sous la main, et dans les valeurs et les forces qui se supputent et se calculent : mais ce que comprendront ceux qui savent le chercher dans la force morale, dans la rectitude et la pureté des idées et des mœurs, dans la généralisation du bon sens et de la modération.

Il faudra retrouver et restaurer bien des choses dédaigneusement abandonnées, trier bien soigneusement dans les choses nouvelles, y séparer des mauvaises celles qui sont véritablement utiles et fécondes. Qui pourrait suffire à cette œuvre ardue, si ce n'est celui que quarante années d'exil immérité, noblement supporté, ont instruit, ont mûri, ont préservé de toute contagion, purifié de toute idée arriérée, de toute pensée de réaction et de vengeance.

Vous ne me jugez pas assez simple, je l'espère, pour croire que sa seule apparition va tout changer en un clin d'œil. Comme le soleil, il est vrai, comme celui de Louis XIV, dirons-nous plus tard, il va tout d'abord illuminer ; mais aussi, comme sa lumière, il lui faudra plus d'un jour pour fertiliser les régions et les plantes qu'il éclairera. Dans le commencement de son règne, tout sera encore, parmi nous, bien troublé ; mais, tout en se débrouillant et se dégageant peu à peu, que la véritable Providence lui donne vingt-cinq années encore, il aura façonné à la vertu et à la modération les hommes de quinze à quarante ans, et ce sera assez pour nous assurer la paix sociale et politique, pour nous y maintenir solidement et pour nous sauver par le mépris et l'oubli de tout ce qui nous ruine et nous désorganise aujourd'hui.

Ce sera l'œuvre de son intelligence et de son honnêteté, mais aussi de sa fermeté, sans laquelle nous serions tous perdus.

S'il vient à nous manquer, s'il vient à mourir à la peine avant ce grand accomplissement, son principe, qui est sa force, lui survivra, et, honnêtement mis en pratique par son successeur, il continuera son œuvre pour la parfaire et la consolider.

Voici la mission et la vertu de la légitimité, qui doit faire une création nouvelle de choses et d'hommes.

CHAPITRE XII.

CONSEILS D'UNION.

Demande de retour à la monarchie traditionnelle.

Partout on voit se révéler aussi bien le désir que la nécessité d'un rapprochement général et définitif, et ce n'est ni un effort d'esprit ni un abandon de parti que demande pour se réaliser cette conciliation qui nous sauverait. C'est un effort de cœur et de franchise, car ce n'est que la passion qui l'a retardée jusqu'ici. Décidons-nous donc enfin, en nous dégageant tous de tout ce qui nous divise, à ne garder chacun, dans notre bagage politique, que ce qui peut et doit nous réunir.

Le duc Christian de Brunswick avait, avec l'or des vases sacrés dérobés à l'Église, fait frapper une monnaie qui portait : *Je suis l'ami de Dieu, mais l'ennemi des prêtres.* Le voleur est toujours l'ennemi de celui qu'il a volé! Il s'en est trop frappé, depuis quatre-vingts ans, par la main de la révolution, avec l'or, le sang et la paix volés à ses ennemis, et qui porte pour exergue : *Je suis l'ami du bien, mais l'ennemi de ses défenseurs*, ce qui veut dire, j'ai de bonnes idées, mais surtout de mauvaises passions.

Eh bien ! il s'agit de garder les unes en démonétisant les autres, et de frapper, pour l'usage de tous, avec l'or de la vérité, de la bonne intention et de la bonne volonté, une nouvelle monnaie qui porte, d'un côté, l'image d'Henri V et de l'autre le mot union, qui est véritablement son âme. Que chacun y apporte sa parcelle compétente, son travail, son activité de mise en circulation et vous verrez quelle prospérité morale et matérielle nous aura bientôt donné ce numéraire de salut, dont l'absence fait aujourd'hui notre pauvreté sociale et politique.

Ce serait pourtant à l'Assemblée à frapper elle-même, à multiplier, à répandre cette monnaie précieuse, à l'employer, sur-le-champ, à acheter la monarchie tant désirée par ses électeurs et que la France, à coup sûr, ne trouverait pas trop cher à ce prix.

Mais l'Assemblée ne semble pas vouloir s'y prêter, ou plutôt elle paraît être tombée dans un sommeil à l'épreuve des grondements de la tempête qui tombe des hauteurs elles-mêmes, pendant qu'elle s'élève aussi des bas-fonds.

Oui : la France est haletante d'inquiétude, de fatigue, de douleur, épuisée de sang, d'argent, de moralité. La voilà qui va mourir : on s'apprête à la porter à l'amphithéâtre. Médecin infidèle à son ministère de vie, l'Assemblée veut-elle donc pousser ses études, ses expériences, ses observations, ses épreuves jusque sur son cadavre ?

Il est temps d'en finir. Elle a reçu un mandat, qu'elle le remplisse.

La République avait résolûment planté son drapeau sur les murs de Paris. Il flotte encore au-dessus de sa beauté sanglante et mutilée. Pourquoi donc ne l'avez-vous pas déjà remplacé par l'étendard de la monarchie, sur cette ambulance où la France elle-même agonise dans la soif du remède suprême que vous êtes chargés de lui donner ?

Mais vous subissez les conséquences d'une première faute,

celle d'avoir accepté la République, au lieu de proclamer la monarchie, comme vous deviez le faire dès le premier jour, et vous vous débattez, sans résultat, sous les exigences d'une logique fatale.

Non, la France ne périra pas. Personne ne craint son avenir, personne ne doute qu'elle soit un jour sauvée, un jour qui n'est pas loin ; mais pour votre honneur, au moins, ne laissez pas dire que ce sera par la seule Providence, qui sait bien ce qu'elle veut, si ce n'est par l'Assemblée, qui ne sait ce qu'elle fait.

Vous êtes honnêtes, mais vous n'êtes pas grands, et vous vous jetez dans les bras de ce que vous croyez être l'habileté et qui n'est que la ruse et l'intrigue, dans les bras de ce que vous croyez grand et qui ne vient pas à la cheville de la vérité, dont vous semblez redouter de suivre la marche droite et sûre.

La France vous demande de la sauver de la révolution, et vous la livrez précisément à la révolution : vous êtes la monarchie et vous abdiquez, sous prétexte d'éloquence et d'indispensabilité, entre les mains d'une dictature qui vous trahit. N'êtes-vous donc pas fatigués de vous courber, sans réserves, sous le despotisme d'un homme auquel vous obéissez avec la précision des députés automatiques de l'empire, honnis si fort et si justement par vous ?

Redressez-vous donc enfin, et ne laissez pas dire que, née d'hier, l'Assemblée n'est déjà plus qu'une vieille fille au bras d'un vétéran de révolution de soixante-treize ans.

Le suffrage universel constituant, autrement dit la souveraineté du peuple, avait commis le crime de confirmer quatre fois Napoléon, l'ennemi de Dieu, de la France et de Rome. La Prusse s'est chargée de l'expiation, en lui faisant voter la honte d'un démembrement et d'un traité désastreux. C'est vous qui en avez été les malheureux instruments. Personne ne peut oser vous le reprocher, puisque vous aviez ce mandat bien lourd pour des cœurs généreux ; mais il semble qu'en le signant vous-mêmes, vous avez pris de son humiliation quelque chose de plus que le reste de vos concitoyens, puisqu'il ne pèse que sur leur mémoire et qu'il doit peser historiquement sur votre nom. Pouviez-vous accepter cette triste mission sans la condition d'en adoucir l'amertume, d'en racheter, au moins, l'humiliation par la proclamation d'une monarchie que la France implore de vous et qui doit, dans un avenir prochain, anéantir les effets, aujourd'hui accablants, du traité signé par vous? Deviez-vous aussi conserver, à la tête d'un gouvernement parlementaire, les hommes que la France repousse et désavoue, pour le mal qu'ils lui ont fait et dont l'éternel déshonneur sera d'avoir été les instruments et les causes d'une effrayante aggravation du traité sur ce qu'il pouvait être d'abord avant le siége de Paris, sur ce qu'il eût été, sans aucun doute, ensuite, avec la négociation du roi. Deviez-vous ajourner l'avénement de la monarchie, qui l'eût obtenu, imposé peut-être, par son ascendant moral, moins humiliant et moins ruineux?

Non, vous ne le pouviez pas, vous ne le deviez pas. Mais, au moins, s'il n'est plus temps de réparer ces malheurs d'une inconcevable temporisation, à votre place je ne voudrais pas que la postérité pût m'appeler l'Assemblée du traité prussien, mais plutôt l'Assemblée de la monarchie qui l'a détruit.

On dit que vous êtes pleins d'excellents désirs, mais suffit-il au malade de voir son médecin animé de la bienveillance la plus zélée, s'il n'a ni l'intelligence ni l'empressement de le guérir, quand c'est chose facile? On vous dit pleins de bon vouloir; mais on dit aussi que l'enfer est pavé de bonnes intentions, et il est sûr que ces pavés-là ont déjà servi sur la terre et beaucoup même sur les voies politiques. Tout le monde vous rend assurément cette justice de croire que vous en êtes abondamment pourvus; mais tout le monde est aussi d'avis qu'il ne suffit pas de les garder pour l'enfer, et qu'il s'agit, au contraire, de les employer ici-bas en bons actes, en bonnes institutions sur la route monarchique que vous devez nous faire et qui doit nous conduire au triomphe sur la révolution et plus tard sur l'étranger, auquel elle a si malheureusement ouvert les portes de la France.

Puisque vous siégez à Versailles, il faut que ce soit de là, pour convaincre d'impuissance et de vanité la force et l'habileté pures, pour manifester l'omnipotence des principes, de la force et du droit; il faut que ce soit de là et d'une Assemblée petite par l'intelligence, mais grande par le bon sens et l'honnêteté, que parte la réparation des fautes, jusqu'à ce jour désastreuses, d'une autre Assemblée grande par le talent et par le génie, mais bien petite, hélas!... par les passions et par la sagacité; d'une Assemblée trop coupable, qui y siégeait aussi jadis pour le bonheur de la France et qui ne sut que commencer la série de ses malheurs, en déchaînant le spectre sanglant de la révolution qui s'acharne sur elle encore.

Pourquoi tardez-vous si longtemps à rendre à la France la monarchie, qu'elle sapait, qu'elle commençait elle-même à chasser, dont l'absence a causé tant de catastrophes, qui est déjà dans le désir et dans l'espoir de tous et qui peut seule refaire aujourd'hui sa grandeur?

CHAPITRE XIII.

LA FRANCE EST LASSE DE DISCOURS ET DE RÉVOLUTIONS.
IL FAUT CONCLURE PAR LA PROCLAMATION D'HENRI V.

La France est lasse d'être exploitée, ruinée, lasse de souffrir. Elle ne veut plus ni de parleurs ni de jongleurs, qui ne font, en la trompant, que la distraire de ses douleurs. C'est tout simplement une honnêteté sans tache qu'il lui faut à sa tête et surtout une fermeté à toute épreuve. Oui, la France est lasse de paroles et de sophismes. Il ne s'agit plus de discourir et de discuter : il s'agit de conclure enfin, et sa conclusion c'est la monarchie, c'est l'écrasement de la révolution que défendent encore les hommes qui sont au pouvoir, et surtout l'homme dont la ruse et la dextérité ont su l'imposer en maître, en dictateur, au choix de l'Assemblée.

Que lui faut-il de plus pourtant que la vie de M. Thiers pour lui apprendre et la convaincre qu'il est véritablement la révolution, dont elle ne veut plus elle-même, et le mauvais génie de la France, qu'il a déjà perdue trois fois et qu'on lui laisse perdre encore ?

Que cette Providence qu'il invoque à tout propos sans vouloir prononcer son véritable nom, sans le connaître peut-être, veuille, pour notre salut, faire tomber enfin ses coquilles des yeux de l'Assemblée, dont l'aveuglement s'obstine à se faire, par lui, conduire en laisse, avec une soumission si passive que c'est véritablement jouer le rôle de Polonius devant Hamlet.

HAMLET. — Dieu vous bénisse !

POLONIUS. — Monseigneur, la reine (c'est la France), demande à vous parler, tout de suite.

HAMLET. — Voyez-vous ce nuage, là-bas : c'est presque la forme d'un chameau.

POLONIUS. — Par la messe ! C'est en vérité l'image d'un chameau.

HAMLET. — Je me trompe c'est comme une belette.

POLONIUS. — Oui, c'est vraiment le dos d'une belette.

HAMLET. — Ou plutôt d'une baleine.

POLONIUS. — C'est une vraie baleine.

HAMLET. — (à part.) Irai-je bien voir ma mère tout de suite. — Ils se moquent de moi jusqu'au comble de mes penchants. — (haut.) Je vais y aller tout de suite.

POLONIUS. — Je le lui dirai.

HAMLET. — (à part.) Tout de suite est bien facile à dire. (haut.) Laissez-moi, mes amis. (Ce sont les députés.)

A l'exception qu'ils sont loin de se moquer de leur Hamlet et de ses mauvais penchants, voici le vrai langage de cette assemblée de Polonius, qui ne se donne même pas la peine de penser par elle-même. Voici le dédain d'Hamlet pour ces envoyés, chargés de la part de leur reine, la France, d'une mission définie, de ramener un sauveur et qui ne savent trouver rien de mieux, pour cette œuvre de pacification, qu'un fou de révolution, un maniaque de stratégie politique et militaire, capable pourtant de leur faire croire et faire dire tout ce qu'il veut. Hélas ! il leur dit et fait dire, déjà trop, que tous les nuages de notre ciel politique ressemblent fort à la République !... Il leur dira bientôt qu'il faut donc la subir et se résigner à se laisser conduire par la tempête.., le croiront-ils aussi !...

Il faut vous décider : la France ne peut attendre plus long-temps dans ce carrefour du doute et du trouble, dans ce dédale du désordre et de la désorganisation. Il faut en prendre votre parti, faire votre choix et surtout le nôtre comme c'est votre devoir, et prononcer enfin entre la République de la minorité et la monarchie de la majorité.

Mais, hâtez-vous, car la France est haletante, expirante, aux abois.

Hâtez-vous de vous réveiller de votre torpeur, de faire effort et de surgir.

Hâtez-vous de sortir vous-mêmes et de nous délivrer de ces divisions fatales, à nos dépens exploitées depuis quatre-vingts ans.

Hâtez-vous de prendre une responsabilité dont la nécessité ne doit pas échapper à votre bon sens, et qui ne peut peser à votre conscience, puisque c'est la France qui vous l'impose.

Hâtez-vous d'échapper à ces anciens errements d'habileté, d'intrigue, d'exclusion, de force, de fait accompli, qui nous ont perdu, pour nous livrer à la politique de principe, de vé-rité, de franchise, de moralité qui seule peut nous reconsti-tuer et nous sauver.

Vous semblez ne pas vous douter que les épouvantables catastrophes de Paris ont fait partout, si malheureusement, fermenter les mauvais levains, qu'elles ont inspiré, surtout dans nos villes de province, infiniment plus de rage contre la répression méritée de ses bandits, que d'indignation contre leurs incendies et leurs massacres.

Croyez donc à la fermentation plus menaçante que jamais de toutes ces détestables passions, qu'on ne vaincra pas par la force pure, qu'on ne saurait éteindre que par l'action des principes et d'une moralisation, dont on semble ne compren-dre ni l'urgente nécessité ni la puissance.

Hâtez-vous, car la ruine définitive et totale frappe déjà à notre porte et la décadence et la mort.

Hâtez-vous donc, si vous ne voulez pas descendre au niveau de l'Espagne et de l'Italie, si vous ne voulez pas faire dire justement à l'Univers entier que les races latines sont épuisées, finies, décomposées et qu'il n'y a plus rien dans l'extrême occident.

Un manifeste magnifique, dont l'écho retentit encore dans le cœur et dans le cerveau de la nation, vous a révélé naguère la voie qu'il faut prendre pour arriver au but et la main qui peut nous y conduire. Suivez-la donc et laissez-vous, par elle, guider vers le salut.

Vous avez fait quatre-vingts ans d'épreuves ruineuses et démoralisantes, sanglantes et mortelles contre le principe de la Monarchie traditionnelle, qui seul a pourtant surnagé dans toute son intégrité, dans toute sa force et sa pureté, qui seul a conservé des défenseurs pour le définir et le présenter avec orgueil à la nation tourmentée. N'est-ce donc pas assez de tant d'années de luttes acharnées contre la vérité, contre le bon sens, contre l'honnêteté, contre soi-même, contre son propre salut ?

Vous êtes si troublés par la révolution que, pour lui échapper, vous vous livrez précisément à son plus dangereux complice. Reprenez enfin vos sens, et rentrez en possession de vous-mêmes, en lui arrachant toutes vos volontés dont il abuse.

Dans une mémorable discussion, confidente de ses menaces révolutionnaires, en rage du ministère Guizot de sept années, en rage d'un éloignement aussi prolongé du pouvoir, empruntant à Schiller une magnifique image, il posait, dit-il, son navire sur le promontoire, dans l'attente du flot complaisant qui devait, jusqu'à lui, monter pour le prendre encore.

Est-ce vous qui venez d'accomplir son orgueilleuse prédiction ? D'où vient le flot trompé qui remet à la mer et fait de nouveau flotter ce navire, qui est celui de la révolution !

Non : ce n'est pas vous : vous n'êtes pas la tempête qui vient de monter pour le prendre. Laissez-le donc à ses flots tourmentés, qu'il a soulevés lui-même et qui vont l'engloutir à jamais.

Vous, vous êtes le calme, vous êtes l'onde tranquille, et puisque la tempête vous a élevés vous-mêmes jusqu'au sommet du promontoire, songez qu'il est plus hautement couronné par un autre navire, celui de la monarchie traditionnelle, qui porte la fortune de la France et le pilote du port de la réhabilitation, du salut et de la grandeur.

C'est le vaisseau royal qui porte Henri V et qui n'attend que votre flot pour prendre la mer et naviguer vers ce port depuis si longtemps désiré.

Mais comment espérer qu'une Assemblée, qui n'entend pas, depuis cinq mois, la grande clameur monarchique de la France, voudra bien écouter une faible voix comme la mienne.

Comment espérer qu'une Assemblée, qui ne règne ni ne gouverne, voudra proclamer un Roi qui veut régner et gouverner ?

* *
*

Le 2 février 1848, la Chambre des députés, discutant le projet d'adresse, où se trouvait une allusion aux événements religieux dont la Suisse venait d'être le théâtre, M. Thiers lui faisait, à ce propos, la déclaration catégorique suivante, bien capable pourtant de rendre la vue aux consciences aveugles qui viennent de lui livrer la France, sans explications et sans garanties, ce qui ne s'est peut-être jamais vu.

« Mais entendez bien mon sentiment : *Je suis du parti de la « révolution tant en France qu'en Europe.* Je souhaite que le « gouvernement de la révolution reste dans les mains des

« hommes modérés. Je ferai tout ce que je pourrai pour qu'il
« continue à y être ; mais *quand ce gouvernement passera dans*
« *les mains des hommes ardents, fussent les radicaux, je n'aban-*
« *donnerai pas, pour cela, ma cause, je serai toujours du parti de*
« *la révolution.* »

Ah ! vous êtes et vous serez toujours du parti de la révolution. Eh ! bien, entre vous révolutionnaire radical aujour-
d'hui et nous qui sommes les défenseurs de la monarchie
traditionnelle et des antiques libertés nationales, il ne peut y
avoir qu'une guerre sans composition ni merci.

C'est à l'Assemblée, que nous avons pourtant nommée
pour vous combattre, de choisir le parti qui répond le mieux
à ses instincts, ou du vôtre ou du nôtre, et de se faire son
champion.

Il me reste à rappeler que s'il est un homme que tous les
personnages du règne de Louis-Philippe, qui n'en voulait
déjà plus lui-même, qualifiaient des surnoms les plus dédai-
gneux et dont Chateaubriand disait : *Ce petit homme perdra la
France ;* il me reste, dis-je à rappeler, une dernière fois, à
l'Assemblée, qui s'endort aujourd'hui dans ses bras, qu'il est
heureusement un autre homme, qui est grand, qui grandit
de jour en jour, qui ne trompe personne, celui-là, et qui la
sauvera.

TABLE.